Samsara
a saga de Mahara

© 2022 por Thiago Trindade
© iStock.com/ Sofia Zhuravets

Coordenadora editorial: Tânia Lins
Coordenador de comunicação: Marcio Lipari
Capa e projeto gráfico: Equipe Vida & Consciência
Preparação: Janaina Calaça
Revisão: Equipe Vida & Consciência

1ª edição — 1ª impressão
1.000 exemplares — março 2022
Tiragem total: 1.000 exemplares

**CIP-BRASIL — CATALOGAÇÃO NA PUBLICAÇÃO
(SINDICATO NACIONAL DOS EDITORES DE LIVROS, RJ)**

J58s
      Joaquim (Espírito)
      Samsara: a saga de Mahara / pelo espírito Joaquim ; [psicografado
por] Thiago Trindade. - 1. ed. - São Paulo : Vida & Consciência, 2022.
      224 p. ; 23 cm.

      ISBN 978-65-88599-40-2

      1. Romance espírita. 2. Obras psicografadas. I. Trindade, Thiago.
II. Título.

22-75889
                        CDD: 133.93
                        CDU: 133.9

Todos os direitos reservados. Nenhuma parte desta edição pode ser utilizada ou reproduzida, por qualquer forma ou meio, seja ele mecânico ou eletrônico, fotocópia, gravação etc., tampouco apropriada ou estocada em sistema de banco de dados, sem a expressa autorização da editora (Lei nº 5.988, de 14/12/1973).

Este livro adota as regras do novo acordo ortográfico (2009).

Vida & Consciência Editora e Distribuidora Ltda.
Rua das Oiticicas, 75 – Parque Jabaquara – São Paulo – SP – Brasil
CEP 04346-090
editora@vidaeconsciencia.com.br
www.vidaeconsciencia.com.br

Thiago Trindade
Romance pelo espírito Joaquim

Samsara
a saga de Mahara

Mensagem do médium

Novamente — e com alegria —, eis mais uma das irradiantes histórias do bom amigo espiritual Joaquim. Com exuberantes detalhes culturais, nosso benfeitor da espiritualidade superior narra a trajetória de um espírito — a personagem central da trama —, que, após incontáveis oportunidades evolutivas perdidas, se compromete a buscar a verdadeira felicidade. Para isso, dedicados servidores da luz apresentam-se com sabedoria e amor e, juntos, criam condições não só para Mahara, "heroína" da história, ascender moralmente, mas também para aqueles que a cercam.

Nesta singela obra, encontramos diversos postulados doutrinários inseridos na codificação espírita, e Joaquim optou por enfatizar os conceitos de planejamento reencarnatório, suicídio, magnetismo, a temível obsessão e a vida e organização no plano espiritual ao longo dos anos da Terra. Há outras informações doutrinárias, é verdade, mas nosso bondoso amigo espiritual nos concede uma excelente aula sobre os itens listados acima. As personagens cativantes mostram-nos que nossa natureza interior não dá saltos, mas, se trabalhada com afinco, com real enfrentamento de nossas viciações, a vitória é certa e definitiva.

Neste livro também encontramos relatos sobre dois reinos que são pouquíssimos ou nada conhecidos do público brasileiro. Confesso-lhes que nunca ouvira falar desses países, que deixaram de existir geopoliticamente há séculos. Com a recomendação do espírito Joaquim, escrevi os nomes dos respectivos países no Google e, espantado, descobri que se tratavam de nações com relevante destaque para a história de suas regiões. Essa orientação, aliás, veio após o encerramento da obra, e acredito que o objetivo do mentor era não me sobrecarregar com informações que pudessem ser conflitantes. De forma impressionante, não só as referências eram todas verídicas, como também muito mais detalhadas do que as encontradas nas primeiras pesquisas realizadas na internet. Não posso me esquecer de que a grafia dos nomes das personagens se deu da forma que eu entendi ser a melhor para a leitura e compreensão, até porque não sou versado nos idiomas dos países retratados nas obras.

Enfim, *Samsara: a saga de Mahara* é um livro espírita, singelo e ao mesmo profundo em seus ensinamentos, o que não desobriga o(a) leitor(a) — e esta é sempre a firme orientação do espírito Joaquim — a estudar as obras da Codificação Espírita. Desta forma, convidamos quem lê a debruçar-se sobre esta história comovente e a pontuar seus inúmeros dados doutrinários com a revelação dos Espíritos Superiores.

Espero que gostem!

Seropédica, 17 de janeiro de 2020.

Thiago Trindade

Um pouco de História

Como dissemos antes, este romance nos foi um verdadeiro desafio, que começou logo nos nomes e nos reinos da antiguidade onde encontramos nossos personagens. Nesta obra espírita, portanto, conhecemos um pouco sobre a cultura de dois povos antigos. E esta breve nota histórica não objetiva, de forma alguma, ser referência histórico-cultural para as linhas que se seguirão, mas estimular o(a) leitor(a) a buscar conhecer mais os dois belíssimos povos que viveram nos reinos Nanda e Ibéria. É importante salientar que há poucos personagens históricos nesta obra, entre eles, os monarcas, pois o autor espiritual não informou se todos os personagens eram "reais". Para o espírito Joaquim, que valoriza em todas as suas obras a cultura dos povos, o conteúdo moralizante é seu verdadeiro objetivo. Segundo o benfeitor espiritual, apresentar novas culturas, ou melhor, culturas pouco valorizadas ou semiesquecidas, enriquece o leitor que tem a oportunidade de aprofundar seus próprios conhecimentos.

A saga se inicia no continente asiático, no grande país chamado hoje Índia. Na época em que se inicia a história, havia uma grande gama de reinos e culturas que se mesclavam entre si, alternando os poderes e criando os alicerces para o Estado da atualidade. Assim sendo, o Império Nanda impôs sua dominância entre os anos (aproximadamente) de 460 a.C. e 325 a.C., quando foi ofuscado pelo Império Maurya. É nesse período que a trama da princesa Mahara se inicia. Com essa personagem, filha do verídico imperador Dana, observamos o culto de alguns deuses que até hoje são reverenciados na incrível Índia: Bhrama, Shiva, Radha, Krishna, Parvati. Conhecemos rapidamente, também, o rei histórico Chandragupta, e até mesmo alguns povos hindus aniquilados pelas guerras contra os nandas: ikshvakus, panchalas, kasis, kurus, kalingas.

Na segunda parte, no primeiro século do que chamamos de Era Cristã, conhecemos um pouco do reino da Ibéria. Esse país, fundado em cerca de 300 a.C., nada tem a ver com a Península Ibérica, aquela que encontramos nos livros de História, onde estão os atuais Portugal e Espanha. Esse país se localizou onde hoje se encontra a bela Geórgia, na região do Cáucaso, na parte oriental da Europa. O rei histórico, Farasmanes I, viveu entre os anos 1 (estima-se) e 58 d.C. Ele conquistou, de fato, extensões de terra do reino da Armênia, foi importante aliado de Roma e empregou albaneses e sármatas como mercenários em suas terríveis guerras. Esse reino, cujas fronteiras se modificaram ao longo dos séculos, foi totalmente dissolvido no ano de 580 da Era Cristã por conta da rivalidade com o Império Bizantino e o Império Sassânida.

Império Nanda
(Índia, Ásia)
325 a.C.

Capítulo 1

Mahara caminhava descalça pelos corredores escuros do palácio de seu pai. Gritos ecoavam pela orgulhosa cidade, e o fogo inclemente anunciava ao céu noturno a queda da capital no Império Nanda. A jovem de quatorze anos podia ouvir os clamores do povo sendo violado pelos implacáveis guerreiros do invasor Chandragupta e imaginava os horrores que aguardavam por ela nas mãos daquele assassino.

— Mahara! — sibilou uma das velhas servas que viviam no palácio do imperador Dana Nanda, morto horas antes em algum lugar nas cercanias da cidade em convulsão.

— Aditi — volveu a princesa com extrema frieza —, em breve os assassinos do invasor estarão aqui. Devemos nos apressar!

— Minha criança — disse a mulher mais velha, que cuidara de Mahara desde o nascimento —, devemos fugir pela cozinha! Para quê subir aos andares mais altos do palácio?

Fitando a serva de alto a baixo, Mahara cerrou os punhos. Ela descendia de uma raça de imperadores que chegara ao poder havia sete gerações. Caminhando até onde a trêmula serva estava, a princesa empurrou-a para trás. A fumaça empesteava o palácio, e os gritos estavam cada vez mais próximos.

— Não fugirei — disparou Mahara. — Como ousarei ver a face de algum deus com tamanha vergonha? Jamais me esqueci de minha linhagem! Se eu fosse um homem, estaria morto por lança ou matando os inimigos de meu império! Vá você, que não consegue compreender o significado da realeza!

Após proferir aquelas terríveis palavras, Mahara retornou à sua caminhada em direção aos aposentos superiores. Em lágrimas, Aditi seguiu-a em silêncio. Todos os servos haviam fugido ou estavam mortos pela cidade em queda.

Chegando ao seu aposento luxuoso, a princesa caminhou até a penteadeira onde estavam as joias e a maquiagem, pegou aquelas de que mais gostava e colocou-as rapidamente em uma bolsa. Nos últimos dias da guerra, a jovem caminhara sem qualquer ornamento, buscara ajudar ao máximo os homens da família, que, sob a tutela do imperador Dana Nanda, lutavam para defender o orgulhoso império que destruíra diversas nações ao longo dos anos.

Chegando à janela que havia perto de sua cama e que garantia constante frescor no aposento, a jovem e sua ama descortinaram a tragédia que acometia a cidade de Pataliputra. Uma lágrima rolou pela face emagrecida de Mahara, que encontrou no alto do céu a lua cheia, testemunha daqueles males.

— Ikshvakus, panchalas, kasis, kurus, kalingas e tantos outros — enumerou a princesa — foram massacrados pelos imperadores do povo Nanda! Agora o povo Nanda perece! — Um sorriso torto brotou no rosto outrora belíssimo de Mahara. — Mas não foi pela força das armas, ó Shiva! O senhor sabe, ó Regenerador, que o imperador Dana Nanda venceu os bárbaros do Oeste vestido com pesadas placas de ferro e com dourada cabeleira! Quem, senão meu pai, deteve o avanço do grande guerreiro vindo da estranha terra chamada Macedônia? E onde agora está o imperador Dana Nanda? Em que vala ele apodrece?

Aditi, que a tudo testemunhava ao lado da princesa, ouviu o romper das portas internas do palácio e os gritos dos soldados do inimigo. Acima de todas as vozes, uma pertencia a alguém que a serva conhecia muito bem: Neeraj. Correndo até a alta porta do aposento da princesa, que era a mais nova das filhas do imperador morto, Aditi colocou a trava interna e arrastou a delicada mesinha de joias e maquiagem de Mahara.

— Isso de nada adiantará, Aditi — disse a jovem com a voz amarga. — Esta vida acabou para nós, mas não darei o sabor da vitória para o traidor Neeraj!

Batidas sobrevieram à porta, e homens gritaram jubilosos, certos de que a presa encurralada era muito valiosa. Fez-se silêncio no corredor, e, de repente, as duas mulheres ouviram passos firmes e um único soco na madeira sólida que as separava dos ferozes guerreiros.

— Minha prometida — disse calmamente Neeraj, que se convertera em um dos principais chefes de Chandragupta —, abra a porta. Nem você nem Aditi serão feridas!

Altiva, Mahara silenciou e voltou seus olhos para a cidade em convulsão. Não sabia de sua mãe nem das demais mulheres do palácio, pois, quando a notícia da morte de seu pai e de dois de seus irmãos chegou, a jovem correra para as muralhas. Desde então, tudo se tornou ruína e desespero. Novamente, a princesa fitou a lua. Parecia gigantesca e extremamente luminosa.

— Radha, consorte de Krishna — bradou a princesa sob novo ribombar de violentas batidas no madeiro da porta, com os olhos fixos na divina lua —, não busco por você e por seu amor! Mas sim por uma indestrutível testemunha! Eu clamo por Shiva, o Destruidor! Shiva, o Regenerador! Clamo por vingança!

— Não! — gritou Aditi, enquanto a porta do quarto era esfacelada e o rosto escuro de Neeraj surgia cheio de cólera. — Piedade!

Com metade do corpo já dentro do aposento, Neeraj atravessou o coração da velha com sua lança, enquanto, na janela, Mahara convocava as forças de Shiva, alheia ao que sucedia.

— Eu não terei descanso! — continuou Mahara, enquanto subia na borda da janela. Os pés dela deixaram de tocar o piso para surpresa de Neeraj e de seus companheiros, que, àquela altura, já tinham se espalhado pelo quarto e pisavam no sangue da agonizante Aditi. — Não voltarei a renascer até que o traidor tenha a paga que merece!

— Desça daí, criança tola! — gritou Neeraj, jogando a lança de lado e esticando os braços para agarrar a jovem que fora prometida a ele pelo próprio imperador, quando Mahara nascera. — Não vou matá-la!

— Mas eu vou destruir você! — dizendo isso, Mahara jogou-se da janela.

Dores inenarráveis sobrevieram a Mahara, que sentiu o sangue em sua boca e o ar esvair-se violentamente de seus pulmões. A moça não viu a luz dos deuses; viu apenas a escuridão e ouviu os gritos aterradores que ecoavam em todas as guerras. Após algum tempo, a princesa sentiu mãos poderosas arrastarem-na por um longo caminho.

— Que indolente e cruel essa criança menor do imperador Dana! — grunhiu uma voz estridente. — Finalmente, a raça de assassinos se acabou! Posso descansar em paz!

— Não! — atalhou outra voz igualmente horrível. — Teremos nosso prazer em torturar essa daí! Nossa corrente está pesada com tantos nandas! Estamos vingados!

— Onde está o velho Dana? — indagou a primeira voz. — Ele deve ter sido arrastado por outras vítimas! Aquele assassino achava que seria recebido pelo próprio Bhrama! Tolo hipócrita! Ah, se os vivos soubessem o que os espera...

— Teremos de nos contentar com os que apanhamos — prosseguiu a segunda voz. — E essa aqui é bem parecida com o pai. Vai nos divertir bastante! Ouviu o juramento que ela fez? Que beleza!

Os dois espíritos gargalhavam, enquanto arrastavam Mahara, que, imersa em dores, acreditava que sobrevivera à queda. A jovem sentia esvair-se em sangue, e o ódio que nutria crescia dentro de si. Ela ainda ouvia os gritos da batalha e a eles somavam-se gargalhadas cruéis de outros seres como aqueles que a tomaram em cativeiro.

— Matem-me, homens cruéis! — balbuciou ela depois de um longo tempo reunindo forças para falar. — Não posso lhes dar nada. Sou apenas um peso.

— Pode nos dar prazer! — respondeu secamente um deles. — É isso que queremos: o prazer que a vingança pode nos proporcionar!

— Que prazer posso lhes dar, se estou quebrada e quase morta? — volveu Mahara, sentindo seu corpo convulsionar.

— Quase morta? — repetiu o chefe da dupla. — Você está bem morta, criança! Seu corpo despedaçou-se como esperávamos, e agora seu espírito nos pertence!

Mahara sentiu lágrimas incandescentes rolarem por seu rosto desfigurado. Estava cega e não podia contemplar a cena à sua volta, mas sabia que os dois captores estavam certos: estava morta. A princesa sentiu seu corpo ser erguido no ar e sacudido pela dupla, que se regozijava.

— Basta! — Ecoou uma voz altaneira e límpida. — Abandonem as trevas! Não se cansam de sofrer?!

Ganindo, os dois seres infelizes deixaram o corpo espiritual de Mahara cair e afastaram-se em grande velocidade. Sem enxergar nada ao seu redor, a filha de Dana percebeu uma luz tênue aproximar-se dela.

— Está cansada, criança — disse a voz com extrema ternura. — Afaste a treva que alimenta dentro de si.

— Sou vítima. Me ajude! — sussurrou Mahara.

— Vítima de si mesma, pois sim! — atalhou com firmeza. — Agora, precisa descansar!

Capítulo 2

Mahara sentiu a dor abrandar e seu corpo ser delicadamente erguido e depositado em uma cama dura de tábuas. Seu salvador não dissera uma única palavra, contudo, a princesa sabia que ele estava por perto.

— No Grande Círculo de Existências — disse, por fim, o detentor da bela voz — nós erramos e acertamos. É nos acertos que encontramos o verdadeiro tesouro, criança. É uma velha alma marcada pelo crime e, embora tenha tido uma breve vida na carne, foi uma verdadeira tirana.

— Sou uma princesa! — retorquiu dolorosamente Mahara. — Filha de um grande imperador...

— Títulos reais não importam para aqueles que não estão vivos — volveu a voz.

— Onde estou? — indagou a filha de Dana.

— Não está com os deuses, isso é fato — respondeu o outro. — Está livre do corpo denso, embora, em seu íntimo, relute em aceitar isso.

— Tornei-me um demônio? — inquiriu Mahara.

— Não — disse a voz. — Mas está a caminho de se tornar um. Deixe o ódio de lado. Busque a paz e, mesmo tendo tido uma vida curta e cheia de soberba, ainda terá uma nova vida com boas possibilidades.

— Quero vingança! — bradou Mahara, sentindo dores atrozes tomarem-na novamente.

— Nada posso fazer quanto a isso — retrucou a voz com firmeza. — Deixe o ciclo de ódio. Não pode desfazer o ocorrido, mas pode, já agora, tecer uma nova vida de luz.

— Como poderei esquecer a tragédia que sofri?! — insistiu Mahara. — Como poderei esquecer a traição de Neeraj?

— Nascendo novamente — interrompeu a voz. — O Criador de muitos nomes tem planos para a humanidade. A dádiva no renascimento nos é dada para que desenvolvamos virtudes como o perdão.

— Rejeito essa virtude! — gorgolejou Mahara, contorcendo-se.

Houve silêncio, e Mahara teve a impressão de que a luz tênue que conseguia ver se afastara. A dor e a solidão sobrevieram poderosas por muito tempo até que, não suportando mais o sofrimento, a filha do imperador clamou pela voz, e, imediatamente, a estrela apareceu diante da sofredora cega.

— Ajude-me, por favor — balbuciou Mahara. — Não suporto mais o sofrimento!

— O sofrimento é uma dura escola, filha — disse a voz com ternura —, mas é bem eficaz.

Um poderoso torpor sobreveio, e Mahara sentiu-se leve como jamais imaginara e que mergulhara numa espécie de sono profundo. Naquele torpor, pareceu ouvir vozes estranhas chamando-a por diversos nomes e títulos. Depois de algum tempo, a princesa, ainda cega, sentiu seu corpo espiritual pesar, e a dor, embora mais branda, fez-se novamente presente.

— Por que sofro tanto, senhor deus? — indagou, humilde, a antiga princesa ao seu protetor.

— Porque preferiu caminhar na senda dos erros, criança — respondeu a voz. — E não sou deus. Sou, como você, filho dEle. — Por algum tempo, houve silêncio por parte de ambos até que ele continuou: — Por incontáveis gerações, nós renascemos para aprendermos muitas coisas. Agora, é hora de você atingir novas lições, Mahara. Um dia, aprenderá outras lições ainda mais sublimes.

— Se você não é deus, com certeza é um demônio que me fez cativa — asseverou a donzela, carregada das impressões culturais de seu antigo povo terreno. — E isso se justifica por eu estar cega.

— Sua cegueira, criança — interrompeu brandamente a voz —, é por conta da vaidade que tomou seu espírito nas últimas vidas. Cega para a verdade, você criou uma realidade inexistente.

Mahara fez um muxoxo e tentou tatear à sua volta, mas apenas sentiu a cama de tábuas duras. Com os dedos doloridos, tentou ajeitar os longos cabelos, outrora luzidios e que chegavam até sua esbelta cintura.

— Voltarei a enxergar? — indagou ela, desconversando.

— Sim — respondeu a voz. — Quando abrandar o ressentimento. Minhas forças abrandam sua dor, mas, para que se sinta leve e bem-disposta, é necessário que esqueça a mágoa.

— Como esquecerei a mágoa?! — questionou Mahara. — Nós fomos destruídos!

— Só a serenidade a libertará — sentenciou a voz, fazendo reverberar todo o ser da princesa.

Pensando nas palavras da voz, Mahara percebeu que seu enigmático protetor a deixara, o que fez suas dores ficarem ligeiramente mais fortes. Em suas lembranças, a moça via as cenas da guerra que dizimara sua família, bem como o rosto do homem que a perseguira: Neeraj. No entanto, sempre que o sofrimento autoimposto se tornava crítico, as doces lembranças de sua infância surgiam, de repente, e induziam a antiga princesa ao torpor benfazejo.

— Então, criança, se sente melhor? — perguntou a voz depois de algum tempo. — Pensou em minhas palavras?

— Sempre que me lembro de momentos felizes, a dor melhora, guru — respondeu Mahara, com simplicidade. — Entendo que isso me ajuda. Quando penso na guerra, as dores aumentam. — Pela primeira vez, a donzela tentou, em vão, sentar-se em sua modesta cama de tábuas. — Onde estão meus pais?

— Onde lhes é devido — disse a voz, que parecia ter aceitado ser chamada de guru, que, de certa maneira, era a função que exercia. — Com o tempo, vocês se reencontrarão, e, para que isso aconteça, você deve estar bem.

— Ainda não entendo — replicou Mahara, cujo nome significava "sagrada" —, mas entenderei.

— Sim, entenderá — anuiu o guru. — O quanto antes entender, será melhor para você.

— O senhor guru tem um nome? — perguntou Mahara subitamente.

— O nome pelo qual pode me chamar é Vyasa — respondeu calmamente o protetor.

— Vyasa! — espantou-se Mahara. — O guru que escreveu o sagrado *Mahabharata*[1]!

— Não, criança — retrucou o outro, parecendo divertido aos ouvidos da enferma. — Apenas um espírito que atende pelo mesmo nome. Quantas Maharas existem no mundo? Todas têm a mesma luz? Não, embora todas estejam fadadas a serem, um dia, tão luminosas quanto o maior dos servos de Deus! — A luz dourada, então,

---

1   Um dos maiores épicos clássicos da Índia, cuja autoria é atribuída a Krishna Dvapayana Vyasa.

pareceu aumentar de intensidade ante Mahara, que sentiu um calor reconfortante tomar seu ser arruinado. — Sou pequeno, criança. Um espírito rude que é pouco mais experimentado que você! Posso ajudá-la como precisa, mas não como quer. Apenas isso. A conduta de seus pés é apenas sua!

— Quero ser feliz, guru! — exclamou Mahara. — Me guie!

— E será! — irrompeu Vyasa, vibrando amor. — Só depende de você!

Em intervalos regulares, Vyasa trazia palavras de consolo e instrução a Mahara, que buscava apreender os ensinamentos daquele a quem chamava de guru. Para ela, as dores abrandavam imensamente à medida que focava no amor que sentira na família terrena. Depois de algum tempo, ela lentamente passou a divisar as formas com as quais seu instrutor se apresentava, embora não conseguisse observá-lo com nitidez. Mahara preferiu criar em sua mente a imagem de um velho de barbas longas e veneráveis, semelhante a um sagrado brâmane, que trazia um alto cajado escuro em suas mãos ossudas. Ao ouvir o relato de sua pupila sobre como era imaginado, Vyasa riu ruidosamente e nada disse.

Ele sabia do lento progresso de Mahara, apesar das afirmativas da moça sobre seus avanços. A sábia entidade percebia que as emanações escuras da pupila, embora tivessem cedido, ainda eram terríveis, sobretudo no que se referia a Neeraj, o antigo prometido da moça. Em suas atividades no grupo de espíritos endividados que acompanhava, percebeu que o grande guerreiro do imperador Chandragupta Máuria mantinha fortíssimos laços vibracionais com Mahara, e ele nada poderia fazer se a filha de Dana Nanda quisesse encontrar o poderoso soldado. Sabendo disso, o guru espiritual, que participara dos planos evolutivos de Mahara nas três últimas encarnações, solicitou aos mais sábios que a princesa reencarnasse logo em terras longínquas a fim de tentar romper os laços de ódio intenso.

Enquanto Vyasa ia e vinha em suas tarefas, o guru solicitou a uma entidade chamada Suri, cuja aparência era a de uma bela mulher no auge do vigor físico, que zelasse por Mahara. O doce espírito, silencioso por natureza, permaneceu ao lado de sua protegida vibrando os brandos pensamentos que surgiam na mente da enferma, que, naquele momento, não fazia ideia da presença da dedicada protetora.

— Poderei ver meus pais, Suri? — indagou Mahara certa vez à companheira. — Sinto a falta deles!

— Eles não estão prontos para um reencontro — explicou Suri. — Eles estão tendo uma colheita muito amarga, mas anime-se! A eternidade espera a todos. Um dia, todos nós nos livraremos das máculas que nos fazem sofrer.

— Viver é sofrer — insistiu Mahara. — Assim nos foi ensinado.

— Viver não é sofrer — retrucou a outra. — Viver é aprender. Por muito tempo, esse precioso ensinamento será mal compreendido, mas Vyasa diz que chegará um tempo em que a Verdade afastará as trevas do coração de todos os seres.

Capítulo 3

Sem que Mahara percebesse, os dias correram velozes. Apesar do aprendizado, a enferma não conseguia se desligar totalmente das recordações tenebrosas e sentia-se sozinha. Como um bom pai, Vyasa apresentou formalmente Suri como a amiga que a enferma precisava. Satisfeita, Mahara viu em Suri, que distinguia como uma tênue luz prateada, uma irmã a quem podia confiar seus segredos íntimos.

— Preciso saber de Neeraj — disse Mahara à companheira. — Não quero a felicidade dele.

— Nenhum de nós conhece a verdadeira felicidade, minha pequena — retrucou Suri, enquanto alisava os longos cabelos da outra. — Acredito que Vyasa saiba. Ele contempla a face dos Elevados.

— Dos deuses? — indagou Mahara, esquecendo-se do desafeto. — Se o guru anda com os deuses, por que perde tempo comigo?

— O guru permanece com aqueles que sofrem por amor — respondeu Suri. — Vyasa diz que não é um ser de luz, mas duvido dele. Afinal, é muito sábio e, como disse, anda com os Elevados.

— Você fala "Elevados", e não deuses — observou a sofrida antiga princesa.

— Notou, não é? — riu a servidora. — Por muito tempo, nós, enquanto estamos vivos, chamamos os grandes seres de deuses. Eles, de fato, podem ser deuses, mas todos provêm de uma Grande Consciência. A Verdade Absoluta, que tudo cria. — Suri colocou-se ao lado de Mahara e beijou a testa da moça. — Os Elevados, na verdade, são os auxiliares do filho mais velho do Criador. Por todas as terras, os Elevados assumem diferentes nomes e formas, sempre direcionando o crescimento da humanidade.

Suri silenciou, pois sabia que aquelas revelações não seriam compreendidas pela mente rústica de Mahara. "Mas pelo menos plantara sementes que germinariam um dia", pensou o espírito benemérito.

Em seus momentos de solidão, Mahara buscava se recordar dos ensinamentos de Vyasa e Suri, contudo, seus pensamentos sempre se voltavam para a antiga vida no palácio imperial. Àquela altura, compreendia que vida e morte eram apenas um estágio de alternância e que a verdadeira vida precisava ser aprendida.

Não raro sentia vibrações perturbadoras, mas não aquelas criadas por ela mesma, que lhe provocavam dores atrozes. Mahara sabia que as vibrações que recebia de tempos em tempos vinham de muito longe, fazendo-a recordar-se das tristezas e dos horrores que vira durante a queda de sua cidade. A enferma sabia que Neeraj chamava por ela.

— Vou até você, Neeraj — disse Mahara, tomada pelo sentimento de vingança. — Apesar dos conselhos do guru e de Suri, você me procurou! Não vou mais fugir.

Sentindo as vibrações perniciosas que partiam de Neeraj, Mahara apegou-se fortemente a elas. Tomada de ira, a tutelada de Vyasa não percebeu o chamado insistente do mestre espiritual. Assim que percebeu a triste escolha de sua pupila, o guru teceu uma prece na tentativa de desbaratar o vil intento da antiga princesa.

Suri juntou-se a Vyasa no esforço, porém, por escolha própria, Mahara abandonou o recanto de paz onde recebera tanto carinho dos protetores. Atraída pelo magnetismo de Neeraj, ela, sem entender como, viu-se em um aposento opulento e reconheceu alguns dos tapetes espalhados pelo chão e o grande espelho que fora seu devidamente posto ao lado de uma cama alta e dourada. Mahara não percebeu outros espíritos ali, odiosos e vingativos, que haviam se aliado a Neeraj ao longo dos anos ou que eram, alguns deles, vítimas do general que resfolegava ébrio em seu leito.

A moça observou seu antigo prometido e algoz de sua família. O rosto de Neeraj, outrora belo, estava inchado e cheio de rugas fundas. Os bigodes, antes negros e lustrosos, estavam grisalhos e amarelados. Espantada, a antiga princesa percebeu que muitos anos haviam passado desde sua morte.

— Você viveu como um rei! — gritou Mahara, tomada de uma fúria enlouquecida. — Despojou inúmeras vítimas!

— Alto lá! — gritou uma voz que mais parecia um rosnado, e Mahara assustou-se com a entidade que se aproximava dela, tamanho o horror que aparentava. — Não ouse atacar meu servo!

Incrivelmente alta, a horrenda entidade tinha o rosto retorcido e longas garras no lugar de dedos e parecia, aos olhos de Mahara, um terrível demônio. Com sua língua comprida, o triste ser lambeu a face constrita de Neeraj, que jazia agonizante, vítima de alguma enfermidade.

— Neeraj precisa permanecer no mundo para me servir! — bradou a criatura. — E você, criança, não irá levá-lo!

— Chega de sua tirania! — disse uma voz vibrante, chamando imediatamente a atenção do espírito maligno.

— Seu irmão em sofrimento encontrou o fim terreno! É o resultado das escolhas dele! O Criador deu a ele todas as oportunidades de redenção! Afaste-se!

Correndo para o canto do grande quarto, Mahara pôs as mãos no rosto atormentado. Sentia um medo imenso do espírito caído, que parecia se preparar para um combate físico com o homem de semblante sereno e firme que chegava. Este, por sua vez, vibrava uma luz semelhante à de Vyasa, embora tivesse a aparência mais jovem e régia.

A luz daquele ser enviado pelo Alto fez os sofredores encolherem-se e alguns fugirem aos gritos. O espírito que se mantinha ao lado de Neeraj, contudo, permaneceu onde estava. Era um antigo ser vinculado ao mal e líder de muitos espíritos caídos. Dois outros espíritos iluminados aproximaram-se: um ancião e uma mulher alta, que parecia estar no auge de sua existência.

— Neeraj vai voltar para mim — disse o espírito caído. — Como sempre...

— Renda-se! — alteou o espírito iluminado quase alcançando o leito do velho general. — Acabe com seu sofrimento, libertando-se do mal que tanto o fere! Deus o ama! Permita que esse amor o limpe dos pecados!

Emitindo um uivo lancinante, a criatura maligna fugiu, deixando a mão estendida do Benfeitor. A entidade iluminada, ladeada por dois companheiros recém-chegados, voltou-se para Neeraj, que vira tudo o que se passara com os olhos espirituais.

— Ajudem-me — balbuciou o general. — Deuses de luz, ajudem-me!

— Seus desmandos neste mundo acabaram — disse o líder dos benfeitores. — Agora, receberá a paga por tantas maldades. Abandonará o corpo físico como um maltrapilho moral, um ser atrasado que jogou todas as oportunidades fora. Neeraj, você, no entanto, não irá ao lugar de caos e sofrimento que tanto buscou inconscientemente. Será levado a um posto onde seus comparsas e suas vítimas não o alcançarão. Levará apenas o verdugo da própria consciência!

Sofrendo dores atrozes, Neeraj sentiu desligar-se de sua matéria e, com os olhos embaçados, o cruel general tentou regressar ao apodrecido veículo físico, sendo amparado pela entidade feminina, que, com brandura, o conduziu para outro lugar.

Um espírito de aparência idosa, que viera logo atrás do espírito luminoso, voltou-se para a aturdida Mahara. Era Vyasa. A jovem correu até o guru, que a envolveu em vibrações balsamizantes.

— Acalme-se, filha — disse Vyasa com ternura. — Por pouco, você quase caiu ainda mais. Se Singh não tivesse se colocado entre você e Neeraj, não seria possível acudi-la agora, e suas dívidas ficariam ainda maiores. Mais um assassinato se somaria a seus crimes.

— Não entendo, guru — balbuciou Mahara.

— Agora não é hora de entender mais nada — disse o líder dos benfeitores, com firmeza. — É hora de você aprender a obedecer, pois sua imprudência custou muito caro. Volte para sua casa e cuide de si mesma. Não queira resolver as coisas que ainda não são da sua alçada.

Capítulo 4

Vyasa levou Mahara de volta à casa em que ela vivia. Agora, a antiga princesa precisava digerir as inúmeras informações que obtivera. Não havia, porém, escapado ilesa da imprudente aventura. A jovem sentia as antigas dores por todo o corpo, e sua visão embaçara-se novamente, porque se deixara levar pelo magnetismo enfermiço de Neeraj e também pelo mau uso de seu livre-arbítrio.

Por um longo período, Vyasa e Suri, que não fora até o palácio de Neeraj, não comentaram nada com Mahara. Ela mesma não tinha o desejo de falar e limitava-se a receber os cuidados de Suri com mansidão e gratidão.

— Você tem muitas perguntas — disse Vyasa depois de chegar trazendo um ramalhete com belas flores para Mahara e Suri. — Algumas podem ser respondidas por você mesma.

O guru sentou-se em um banco modesto de madeira avermelhada, enquanto as companheiras se comp raziam com o singelo presente. Aos olhos de Vyasa, Mahara recuperara-se quase totalmente do encontro com Neeraj.

— Mahara, minha filha — disse o benfeitor —, Neeraj foi levado a um lugar semelhante a este. Você achou que aqui seria uma prisão, e pensamento semelhante o acomete. A verdadeira prisão está na nossa forma de pensar — Vyasa sorriu para a pupila, que estava sentada diante dele. — Não ache que ele está sendo aliviado de alguma pena. É, de fato, um alívio imediato para os vis companheiros dele e, pensando com clareza, uma misericórdia para o próprio Neeraj, que receberá os mesmos ensinamentos que você.

— Ainda assim, me parece injusto, guru — Mahara retrucou secamente.

— A Lei Divina garante as mesmas oportunidades para todos — prosseguiu Vyasa. — No passado, você foi tão ou mais ruim que Neeraj. — O sábio pôs suas mãos envelhecidas sobre os pequenos ombros da antiga princesa. — Na verdade, você abriu as portas para todo o mal que Neeraj perpetrou na última vida terrena. Ao longo de seis existências, você, minha pequena, foi a guia de Neeraj nos tropeços que tiveram.

Mahara sentiu lágrimas rolarem por seu rosto. Sentia vergonha, pois sabia que as palavras de Vyasa eram verdadeiras. O benfeitor envolveu a protegida com suas vibrações balsamizantes.

— Você precisa renascer — disse o sábio. — Mas antes precisa aprender mais e trabalhar bastante aqui no mundo dos espíritos.

— Acha que tenho condições de ajudar alguém? — indagou Mahara.

— O trabalho sempre é bem-vindo — respondeu Vyasa. — Não importa qual. Reis altivos, assim que podem, trabalham em atividades muitas vezes consideradas indignas por eles, e muitos pobres, que morreram de fome na servidão inclemente, são gurus que se tornam tutores da humanidade. Você fará o que lhe for determinado — o benfeitor, então, tomou a direção da porta da pequena casa, levando Mahara pela mão com extrema delicadeza.

— Vivemos em uma cidadela, e aqui cada um tem uma tarefa. A sua será a de cuidar das flores que se espalham por todo o jardim. Com o tempo, sua função mudará, e você terá horário a cumprir nas tarefas e nos estudos.

Naquele mesmo entardecer, a antiga princesa conheceu seu novo ofício. Jamais imaginara que teria de fazer o árduo trabalho de jardinagem. Sempre apreciara flores, mas nunca quisera sujar as mãos com terra. Um espírito de aparência rude chamado Hani era o responsável por aqueles que tratavam dos inúmeros jardins da cidadela. Como Vyasa, a aparência de Hani era a de um ancião curvado, mas seus modos eram mais reservados dos que os do velho guru de Mahara.

Estranhamente, Hani sempre demonstrou bastante firmeza com a jovem enferma — que de início apresentou grande dificuldade no trato com as plantas —, misturada a uma paciência silenciosa. Nas raras vezes em que falava, o modesto benfeitor sempre tinha uma palavra de confiança para a atrapalhada e impaciente Mahara, porém, o chefe dos jardineiros nunca respondia às perguntas da jovem, exceto as referentes à jardinagem.

Manu, o líder da cidadela, era o responsável pela instrução de Mahara e dos demais que tinham recebido o amparo dos benfeitores daquela cidadela espiritual. Fora Manu — reconheceu imediatamente Mahara — o espírito luminoso que tinha ido acompanhar o desencarne de Neeraj e enfrentado o temível Singh.

As lições de Manu, sempre à sombra de uma gigantesca figueira, versavam sobre valores morais, e, não raro, o sábio comentava sobre os outros povos espalhados pelo mundo. Certo dia, Mahara percebeu que ele estava preparando os acolhidos pela cidadela para novas vidas terrenas em outras paragens, que pouco ou nada tinham a ver com as terras da região que seria conhecida como Índia.

Muito tempo depois, Mahara, que vez ou outra se exasperava com sua atividade, recebeu a visita de Suri e Vyasa na grande praça ajardinada onde trabalhava. Ambos os benfeitores estavam com o semblante grave, e a jovem jardineira preocupou-se.

— Minha filha — disse o sábio —, tenho recebido reclamações suas. As mesmas de sempre, aliás.

— Parece que o guru Hani não sabe organizar as equipes de trabalho... — retrucou Mahara.

— E você sabe — interrompeu Vyasa — que seu ímpeto precisa ser melhorado, querida criança. Não pode admoestar seus companheiros!

Houve um pesado silêncio. "Sem dúvida, os benfeitores estão decepcionados comigo", concluiu Mahara. Apertando os dedos, a jardineira sabia que seus argumentos não adiantariam.

— Você fez algum amigo? — indagou docemente Suri.

Aquela pergunta era difícil para a jovem responder. Mahara reunia-se com os demais jardineiros para as orações e lições morais, mas evitava a companhia dos demais, sobretudo, do jardineiro chamado Shankar, que sempre a cumprimentava e puxava conversa com ela.

A pupila de Vyasa não apreciava a aparência rústica de Shankar e detestava o sotaque estrangeiro dele. A antiga princesa balançou a cabeça negativamente para Suri, que certamente sabia a resposta.

— Entendo, minha querida — prosseguiu Suri, cuja cabeleira estava enfeitada com inúmeras flores brancas e muito perfumadas. — Você está na cidadela há muito tempo e é bem verdade que melhorou.

— Mas não o suficiente — atalhou Vyasa, sereno. — Por sua própria escolha, Mahara. Deveria ter obedecido com mais mansidão as orientações para o trabalho, contudo, tem ignorado os conselhos do guru Hani, corregente deste lugar abençoado...

— Guru Hani é corregente de Manu! — exclamou Mahara, espantada.

— Sim, e é fácil perceber isso — disparou Vyasa, sentando-se em uma pedra coberta por um musgo esmeraldino. — Mas você só viu a aparência simplória do mestre espiritual. Manu fala com eloquência, é verdade, mas o discurso de Hani vem acompanhado de ações direcionadas aos que mais necessitam de cura.

— Se tivesse observado bem — anuiu Suri —, teria percebido como Hani é reverenciado por todos. Você, contudo, preferiu dar atenção ao seu pequeno mundo interior.

— Filha — continuou Vyasa —, um novo dia se aproxima de você. Conversei com alguns sábios. É hora de regressar ao mundo dos vivos.

— Já?! — Mahara teve um súbito estremecimento. — Se é um castigo pela minha conduta equivocada, peço-lhe perdão!

— Não castigamos ninguém, minha filha — volveu Vyasa. — É chegada a hora. Por muitas vidas, você reencarnou quase imediatamente. Agora, se passaram quase cento e cinquenta anos de sua última morte, e você aprendeu bastante aqui. É hora de pôr em prática!

— Se eu não me conduzi bem aqui, como hei de vencer no mundo material? — indagou Mahara, às lágrimas. — Não me mandem embora!

— Samsara, como bem sabe, é uma das Leis Divinas — disse Vyasa, esboçando um sorriso confortador. — Ninguém está isento dessa importante lei. O Ciclo dos Renascimentos é o que nos aproxima do pensamento de Deus!

Suri abraçou a pupila e reconheceu a si mesma nas lágrimas desesperadas de Mahara. Em uma silenciosa prece, a benfeitora acalentou a jardineira, cujas lágrimas secaram lentamente.

— Só enfrentará aquilo com que pode lidar — disse Vyasa. — Você bem sabe que sua longa existência de erros não pode ser corrigida em uma única vida — o sábio levantou-se e guiou as duas companheiras até a fonte de água que coroava o jardim. — Inclusive, é o momento de ir para outras paragens do belo mundo material, Mahara. Lembre-se de que "Maya" é ilusão. Aquele reino de matéria, na verdade, é um reflexo deste. Não seria errado dizermos que o mundo material é uma ilusão muito necessária à nossa evolução.

— Vocês estarão comigo? — balbuciou Mahara, fitando o reflexo de Vyasa e Suri nas águas mansas da fonte.

— Sim — respondeu o guru. — Alguns dos que você conheceu aqui também irão acompanhá-la tanto na carne quanto na espiritualidade.

— E meus parentes? — indagou a jardineira.

— Dois deles irão com você para um possível reajuste — Vyasa sorriu. — Na verdade, os dois já foram e renasceram no outro lado do mundo. Uma nova oportunidade, de fato! Os velhos ranços ficarão embotados, mas não esquecidos.

— Seu irmão mais velho e sua mãe esperam por você — disse Suri, alisando os cabelos de Mahara. — Mas não será fácil, pois muitas coisas precisam ser modificadas em todos.

Dessa forma, Vyasa contou a Mahara como fora feito seu planejamento reencarnatório, que seria implementado em uma terra estranha. As chances de sucesso, como nas demais oportunidades, eram razoáveis e dependiam exclusivamente do esforço moral da jovem.

Uma vida curta, extremamente pobre e em uma terra inóspita aguardava Mahara.

Reino da Ibéria (Europa)
Século 1 d.C.

Capítulo 5

No Reino da Ibéria, que um dia comporia o belo país chamado Geórgia, Mahara reencarnou. A antiga princesa retornou ao mundo em uma família paupérrima, sendo a sexta filha dos nove filhos de Miriam e Radamisto. A família de Radamisto criava ovelhas, e as mulheres tinham a incumbência de fazer tapetes, que eram vendidos nas cidades da época.

Desde seus primeiros anos, a pequena Miriam, chamada assim em homenagem à sua mãe, demonstrava ter um temperamento intempestivo, o que fez seus oito irmãos, todos rapazes vigorosos, a chamarem de "pequena rainha". Não raro, cascudos faziam-na correr aos prantos até sua mãe, que se esforçava para apaziguar seus filhos. Radamisto, por sua vez, parecia não se importar com as brigas familiares e levava suas tarefas com os animais com muito afinco, embora, ao chegar em casa, gostasse de consumir grandes quantidades de aguardente.

— Um dia, minha mãe — disse Miriam, no auge dos seus dez anos —, me casarei com um príncipe! A senhora viverá com muita felicidade!

— E seus irmãos? — indagou a mãe, magra e grisalha por conta das necessidades impostas pelo mundo áspero. — Eu não seria feliz sem eles por perto.

— Eles não gostam da senhora como eu! — disparou a menina.

— Ainda assim, eu os amo, e isso não se apaga. Não é possível que deteste todos os seus irmãos.

— Eu gosto de Bacúrio — retrucou a pequena. — Ele é alto e forte. Não me dá cascudos nem zomba de mim.

Bacúrio era o príncipe Kabir reencarnado e fora irmão de Mahara na reencarnação derradeira na distante Índia. Embora tivesse cometido muitos desatinos, fora amigo de sua irmã e retornara na pele de Bacúrio para resgatar os próprios erros próximo à renascida Mahara.

— Se todos não forem comigo ao palácio — insistiu a velha Miriam —, então, nem pense em me levar. Os deuses nos colocaram juntos, e devemos permanecer dessa forma na miséria ou na riqueza!

As palavras da mãe soaram duras aos ouvidos da pequena Miriam, que, com o tempo, entendeu que seus devaneios de se casar com um príncipe eram tolices infantis. A mãe da jovem, contudo, encarava tudo aquilo com muita seriedade.

Àquela altura, três dos filhos mais velhos de Radamisto e Miriam tinham se casado, incluindo Bacúrio, cuja tenda não era distante da casa de seu pai. A jovem Miriam, com quatorze anos, gostava de deixar o trabalho com a lã das ovelhas e ir conversar com o irmão, que sonhava com grandes batalhas onde seria um grande guerreiro.

— O pai está negociando para que se case com um dos filhos de Amazaspo — disse Bacúrio, bebendo um copo de vinho aguado. — Em breve, você será uma mulher casada!

— Isso não me interessa — resmungou Miriam. — Amazaspo tem cara de cachorro doente. Os filhos devem ter essa cara também.

— Ah, pequena rainha. — Riu Bacúrio. — Você deveria ficar feliz! Cuidar da casa é tudo o que uma mulher deseja!

— Eu desejo mais — disparou Miriam. — Desejo coisas que não consigo dizer exatamente quais são.

Bacúrio fitou a irmã, e a alegria em seu rosto magro e sujo deu lugar à apreensão. Era muito pequeno quando Miriam nasceu, mas foi o único dos filhos de Radamisto ao lado do leito a ouvir as palavras da velha sacerdotisa.

— Essa criança tem uma tarefa — disse a sacerdotisa sem nome a Radamisto e Miriam. — Ela precisa ficar muito próxima dos deuses, mas não a tomem por uma criatura abençoada. É o contrário! A bênção dos deuses é o que manterá essa menina no caminho correto. E que vocês sempre tenham uma vida honesta para mostrar a essa menina o que é certo.

Bacúrio não se recordava das palavras de seu pai sobre o caso, nem naquela oportunidade nem depois. O rapaz sabia que o pai não rendia libações a quaisquer deuses, preferindo acreditar que não havia nada além da morte. O pastor com pretensões de guerreiro abraçou ternamente a irmã e fitou o céu safirino.

Naquela mesma semana, Radamisto ordenou que sua esposa, Miriam, auxiliada pelas noras, banhassem sua única filha. Penteada e com uma bela e simples túnica de lã, a jovem, consciente de que as tratativas de casamento haviam sido arranjadas, ficou aguardando em uma tenda erguida apenas para guardá-la.

Ao ouvir vozes roucas e alegres vindas de longe, a jovem Miriam soube que seu futuro esposo chegara com os parentes. Não conhecia a família na qual iria entrar, pois nunca fora à cidade, nem lhe fora permitido ir às assembleias que ocorriam nos campos. Isso era coisa de homem, conforme lhe fora ensinado.

Por fim, depois de a festa ter começado, as cunhadas e a mãe de Miriam foram até ela na tenda. Os pulsos e o pescoço fino da jovem estavam enfeitados com argolas de bronze, e seu longo cabelo escuro fora untado com razoável azeite. A jovem noiva era uma visão bonita.

— Ele é bonito? — indagou Miriam à mãe, sem perceber que as mulheres traziam o cenho carregado.

Sem responder, as mulheres cobriram Miriam com um véu de tecido simples e gasto pelos anos e escoltaram-na até a grande tenda que reunia as famílias de Radamisto e Amazaspo. Sob o som de tamboretes e o aroma de incenso, Miriam foi levada até o centro do salão, onde seu severo pai a aguardava. A noiva pulsava de ansiedade e, pelas fibras do tecido, conseguira visualizar alguns dos estranhos homens que estavam visitando seu pai.

— Amazaspo, meu caro, espero que saiba cuidar de minha única filha! Ei-la! — disse Radamisto, solene, e seu hálito ébrio foi rapidamente percebido por sua filha.

Enquanto ouvia seu pai entregá-la a outro homem, Miriam, para seu terror, percebeu que seu noivo não era um dos filhos do chefe do outro clã, mas o próprio líder. Imóvel e com os olhos embargados, ela fitou o velho e corpulento Amazaspo levantar-se do banco e caminhar em sua direção. A jovem voltou-se para o rosto impassível de seu pai.

Amazaspo possuía uma aparência medonha e estava exultante com a noiva.

— Magra demais! — rosnou Amazaspo, observando Miriam como se fosse uma peça de madeira. — Mas tem alguma beleza. — O homem virou-se para Radamisto, com um sorriso lupino no rosto, e disse: — Cuidarei bem de sua filha, meu amigo. Com o tempo, ela me dará mais filhos!

Com ânsia de vômito, Miriam recebeu o beijo caloroso de Amazaspo, e, após o abraço, o noivo pôs seu malcheiroso manto nos ombros da nova mulher.

Capítulo 6

Na tenda onde fora preparada para o casamento, Miriam, enojada, viu-se ao lado do esposo. Seu corpo parecia ter sido esmagado e desossado, e a jovem mal conseguia respirar. Deitado, Amazaspo resfolegava ruidosamente.

Fitando o esposo, Miriam odiou-o profundamente. Quando Amazaspo despertou, bebeu sofregamente uma caneca de vinho e comeu um grande naco de carne de carneiro. Não falou com a nova esposa, a quarta que tinha ao longo de sua vida. Seu filho mais velho aproximou-se da tenda chamando pelo pai.

— Está tudo pronto — disse o homem com muitos fios grisalhos de nome Saurmague.

Com um grunhido, Amazaspo assentiu e não esperou que Miriam o ajudasse a vestir-se. Sabia ele como sua jovem esposa estava. Com o tempo, acreditava o bruto, ela se acostumaria como as outras antes dela.

Colocada em uma carroça guiada por um jovem silencioso e oculto por uma pele de lobo, Miriam encolheu-se como pôde. Sua mãe e as cunhadas vieram despedir-se da jovem, e sua genitora trazia os olhos marejados.

Orgulhosa, a jovem esposa do chefe tribal fitou a mãe e nada disse. Achava que ela fora cúmplice ao enganá-la.

Enquanto o grupo de Amazaspo deixava as terras de Radamisto, um grupo de espíritos encimava um morro tomado de verde relva.

— Nossa menina está com o coração tomado de ideias sombrias — disse Suri a três entidades vinculadas ao grupo de encarnados. — Ela acabou com a própria carne antes e pode tomar a mesma decisão agora. O temperamento de Miriam ainda é muito orgulhoso.

— Nós fizemos todos os esforços possíveis para orientar os pais a incutirem nela ideias elevadas — concordou um espírito de aparência anciã, com a fisionomia dos povos da região que seria chamada de Balcãs. Ela chamava-se Valda —, mas de nada adiantou. Acreditam que na morte tudo se acaba.

— O Mestre do mundo já se encontra na carne — asseverou Suri —, trazendo seus Sagrados Ensinamentos. Multidões de vivos e mortos se espantam com as Novas Ideias. Até que essa sabedoria chegue a todos os filhos da Criação, devemos trabalhar como podemos. Este mundo, cheio de almas duras, vai despertar...

— Nosso trabalho com Miriam e com esse grupo em busca de redenção será em vão? — perguntou Mitridarites, que assumira aquela função havia pouco tempo.

— Nunca é em vão — respondeu Suri, resoluta. — Aprendemos com nossos protegidos que é ajudando ao outro que desenvolvemos em nós a luz divina. Recorde-se, meu caro, que já estagiamos onde esse grupo está agora. Não achemos ainda que estamos distantes deles. Nem mesmo os sábios Vyasa e Lanim, que são responsáveis por muitos espíritos nesta região, estão acima dos pupilos que são alvo de nossa compaixão.

Mitridarites desviou o olhar da emissária espiritual, que desempenhava um trabalho no misterioso Oriente, e fixou o olhar na pequena carroça puxada por dois bois, onde estavam acomodadas diversas bagagens.

— O filho de Amazaspo, que toca a carroça, vibra muito ódio para seu pai — disse Uzith, o terceiro espírito vinculado diretamente ao grupo. — Esse jovem deveria ter se casado com Miriam. Nós falhamos?

— Quando os planos de renascimento de nossos tutelados são realizados — proferiu Suri depois de um tempo —, contamos com a dedicação dos que renascem, porém, não nos esqueçamos de duas coisas: o mau uso do livre-arbítrio dos tutelados vivos e mortos e da ação das trevas.

— A benfeitora fitou o céu safirino de primavera por alguns instantes e continuou: — Amazaspo é um espírito duro como os demais, mas dotado de algum poder temporal. Considera-se um rei, toma o que deseja e assim o fez com suas esposas, que, ao perderem a valia para ele, foram postas de lado ou mortas. Isso aconteceu com a antecessora de Miriam. Quando viu nossa tutelada, o ancião, senhor de seu clã, a quis para si, com o intuito de provar aos homens de sua família que ainda era capaz de comandar.

— Atitude típica de muitos animais — balbuciou Mitridarites.

— Talvez — prosseguiu a pupila de Vyasa —, a prepotência de Amazaspo o fez trair seu filho, Bórias, que deveria ter se casado com Miriam. Com o mau uso do livre-arbítrio de Amazaspo, criou-se uma teia de dor, que pode se arrastar por séculos.

— E quanto às reparações das vidas anteriores? — indagou o espírito, que, em sua última vida, fora carpinteiro nas terras da Trácia.

— Ainda precisam ser feitas — respondeu mansamente a benfeitora oriental. — Por isso o Mestre se fez carne, e seus ensinamentos objetivam impulsionar o crescimento moral de toda a humanidade. Por muitos séculos, a maioria de nós correu atrás da própria sombra, e agora isso deve mudar. — A bela dama dos cabelos floridos sorriu. — Pelo menos para aqueles que quiserem mudar. Um príncipe que viveu há algum tempo no Oriente disse certa vez que "aprender é mudar", e o Mestre do mundo veio ao seu reino material para nos ensinar justamente isso.

Em silenciosa oração, os quatro espíritos benfeitores observavam a comitiva de Amazaspo, que voltava para suas terras não distantes de Radamisto. Orientado por Suri, o grupo percebeu que um bando de espíritos desorientados acompanhava Amazaspo e seu povo. Entre esses espíritos sofredores estava Miri, a esposa que antecedera Miriam, morta pelo próprio marido.

Capítulo 7

Os dias que vieram após o casamento de Miriam foram dolorosos para a filha de Radamisto. As mulheres da família de Amazaspo eram duras e de línguas ferinas e, sempre que podiam, ofendiam a jovem. Miriam, por sua vez, suportava em silêncio as humilhações e em sua mente tramava a morte de todos ali, iniciando por seu marido.

Muito pouco adiantavam as vibrações positivas de Uzith e de Suri, que por muitas vezes vinham da cidadela localizada na psicosfera das terras chamadas de Índia. Em seu sono, Miriam reconhecia a voz e até o rosto da benfeitora e clamava por socorro.

— Ajude-me! — Miriam sempre pedia a Suri, que para a jovem se parecia com uma criatura celeste. — Leve-me consigo!

— Persevere, filha — orientava sempre Suri, e seus cabelos perfumosos pareciam limpar as dores da pupila. — Tenha paciência. Aceite esse sofrimento sem queixas e sentimento de vingança para que ele acabe rápido. Perdoe as ofensas e viverá melhor! Seja dócil e será aceita!

Sempre que despertava, Miriam guardava as impressões dos sonhos com as benfeitoras espirituais, chegando até mesmo a registrar as palavras de Suri. A revolta, contudo, sempre surgia, chegando a creditar à imaginação as palavras de consolo que ouvia.

Ao final de seu primeiro mês nas terras de Amazaspo, Miriam estava encolhida em sua grande tenda. Já cumprira as funções domésticas e aguardava a chegada do esposo, ciente do que ele faria consigo. Mesmo idoso, Amazaspo era um homem viril e violento. Ela não tinha o hábito de orar, costume que seu pai proibira desde antes de ela nascer. A mãe de Miriam contou-lhe que Radamisto perdera a primeira esposa no parto e, desde então, renunciara aos deuses. Segundo a mãe da jovem, a segunda esposa de Radamisto fora orientada por ele a nunca falar em deuses aos filhos sob pena de morte.

Recordando-se das palavras da mãe, Miriam pôs o rosto na porta da tenda de peles e tapetes e fitou a lua subindo ao céu. Seria a primeira noite de lua cheia.

— Deusa Lua — balbuciou Miriam, com algum receio —, me ajude! Me mate ou leve meu esposo cruel!

Imediatamente, Miriam recordou-se do sofrimento imposto pelo velho Amazaspo e, mentalmente, repetiu o apelo. Segundos depois, em seus pensamentos cada vez mais sombrios, quis que seu esposo sofresse imensamente antes de morrer e prometeu à Lua o que ela quisesse se Amazaspo falecesse em profunda agonia.

Um espírito mau, que vivia na tribo de Amazaspo, ouviu a prece de Miriam. Deliciado com as más intenções da jovem, o espírito, uma das vítimas de Amazaspo, aproximou-se, passando ao lado da protetora Uzith, que em vão tentou afastá-lo. O vínculo vibratório que surgia entre Melk, o vil espírito, e Miriam era forte. Melk estimulou pensamentos ainda mais cruéis na mente da jovem filha de Radamisto, e os dois se entrelaçaram magneticamente. Miri, a esposa assassinada de Amazaspo, também se aproximou sob os olhares de Uzith, que orava fervorosamente, atraindo Mitridarites, que se espantou ao ver a triste cena.

— Suri ficará decepcionada — disse secamente Mitridarites. — Será muito difícil retirar Melk de perto de Miriam. Ele é bem forte!

— Não percamos a esperança — retrucou Uzith. — A vida é feita de escolhas. Miriam e esses coitados perceberão que o caminho em que estão é errado.

— Até lá — disparou Mitridarites —, podem aumentar bastante o próprio sofrimento.

Entrelaçados por funestas vibrações, Melk, Miri e Miriam estabeleceram uma rede cruel, que, em pouco tempo, ameaçava não só a eles próprios, mas toda a tribo. Enquanto arrumava sua tenda, Miriam, influenciável, recebia os pensamentos tóxicos de Miri para arrumar seus cabelos e esboçar alguma alegria quando o chefe do clã retornasse das atividades diárias.

Com a súbita melhora da disposição da esposa, o velho Amazaspo acreditou que finalmente dobrara a companheira com sua virilidade. Por conta disso, o chefe tribal permitiu que a esposa gozasse de mais liberdade na comunidade.

Bórias, o filho de Amazaspo, tornara-se ainda mais arredio com o pai e passara a questionar a liderança do chefe. Era o segundo filho do chefe, um pastor hábil que mais de uma vez enfrentara vitoriosamente ladrões de animais que infestaram a região por conta das diversas guerras que varriam aquela parte do mundo. Bórias gostava de caminhar com uma espada curta, de procedência romana, além de levar consigo um afiado punhal típico de sua tribo. Saurmague, o primogênito de Amazaspo, chamava constantemente a atenção de Bórias para seu comportamento.

— Vamos arranjar outra esposa para você, Bórias — disse mais uma vez o futuro chefe do clã. — Esqueça essa moça que só viu no casamento do nosso pai!

— Para quê me arranjar outra esposa? — debochou Bórias. — Para nosso pai também cobiçá-la?

Saurmague fitou seu irmão adorado. Achava-o teimoso e arrogante, mas o futuro chefe do clã sabia que Bórias era leal e jamais tentaria algo para prejudicar o pai.

Resmungando, Bórias afastou-se do irmão sob os olhares sinistros de Melk. O espírito rancoroso dirigiu-se para a mata nas proximidades das tendas do povo de Amazaspo e lá encontrou Miri e outros espíritos torturados que lhes eram subalternos. Imperceptível a todas as entidades malévolas presentes, Mitridarites observava a tudo.

— Bórias tem dentro de si muita raiva do pai — disse Melk aos comparsas —, mas Saurmague consegue contê-lo.

— Façamos os olhos de Miriam e Bórias se encontrarem — sibilou Miri com um cruel sorriso. — Isso fará o jovem galo querer cantar mais alto. Os dois galos mais velhos poderão querer bicar o frango!

Miri não era mãe de Saurmague e Bórias. Depois de três abortos espontâneos, ela dera à luz uma única menina, que contava com cinco anos e vivia na casa do primogênito de Amazaspo. Jamais nutrira por eles qualquer simpatia, mas, até aquele momento, nunca pensara em prejudicá-los.

Todo o plano sinistro foi ouvido por Mitridarites, que, impressionado, foi até Valda e Uzith. Ao ouvir o relato do auxiliar, Valda, mais experiente, resolveu visitar Bórias e Miriam no desdobramento que o sono proporciona. Se o plano dos espíritos sombrios funcionasse, um grande atraso evolutivo cairia sobre os frágeis envolvidos encarnados.

Capítulo 8

— Miriam, é necessário que suporte a dor! O que são alguns anos na carne, se comparados à imortalidade da alma?! — perguntou Valda, ladeada por Mitridarites e Uzith.

— Não sabe o quanto sofro! — atalhou a jovem, que, após receber alguns passes magnéticos, recobrara alguma lucidez a ponto de ser capaz de retrucar a benfeitora em pleno desdobramento. — Sou usada, espancada! Não mereço sofrer!

— Todo sofrimento tem um fim — volveu Valda. — Tenha paciência...

— Ora! — interrompeu Miriam, exasperada. — Quem é você para me dar ordens? Que tipo de divindade é, que me abandona à violência e que, quando me revolto, surge para me castigar?!

A um sinal de Valda, Mitridarites e Uzith envolveram Miriam com fortes vibrações calmantes. A moça tentou resistir, mas foi em vão. Levitando alguns centímetros acima do corpo físico, o perispírito da jovem refletia seu estado emocional, parecendo enfermiço e rígido.

— Temos de insistir no aconselhamento dessa pobre e informar Lanim, Suri e o mestre Vyasa — asseverou Valda.

Enquanto os três benfeitores confabulavam, Miri e Melk, seguidos por quatro entidades submetidas a eles, surgiram na tenda do chefe do clã, que, por sua vez, resfolegava pesadamente ao lado de Miriam. O perispírito do homem saíra perambulando, ébrio de maus pensamentos como a maioria daquelas pessoas.

— Sabemos que estão aí, espíritos luminosos — rosnou Melk, revelando algum conhecimento acerca dos benfeitores e de como funcionava as relações entre os desencarnados. — Vão perder tempo com a menina! Ela quer vingança e terá!

Valda e seus companheiros ficaram visíveis aos obsessores, fazendo-os, à exceção de Melk, recuar um passo.

— Melk, você foi sacerdote e sabe que sua luta é vã — disparou Valda.

— Não, minha cara deusa da luz! — volveu Melk. — As trevas vencem. Quando vivo, eu era fraco. Agora, sou a sombra, e minha sombra cresce!

— A menor das velas afasta a escuridão mais assustadora — sorriu a líder dos benfeitores espirituais. — Já perdeu muitos seguidores para a luz, não foi?

Ouvindo aquelas palavras carregadas de poderosa vibração, Melk desfez o sorriso irônico e contemplou a rival, que, anos antes, tentara encaminhá-lo para longe de sua vingança. Os dedos longos e tortos do obsessor passaram sobre a cabeça adormecida de Amazaspo, e seus olhos estavam fixos em Miriam.

— Sua fala macia não me assusta — disse Melk, com convicção. — Destruirei esse clã e terei Amazaspo e todos aqui sob meu domínio absoluto. Serei um rei cercado de escravos amedrontados.

— Eu terei minha vingança! — grasnou Miri, fechando os punhos na direção do antigo esposo.

Melk e Miri chamaram por Miriam, que respondeu abrindo os olhos e se voltando para os comparsas espirituais. Dois dos companheiros de Melk saíram atrás do desdobrado Amazaspo para atormentar o velho patriarca e deixá-lo ainda mais distante de Miriam.

— Não vejo problemas em vocês saberem de nossos planos. — Riu Melk, enquanto se punha ao lado da sofrida Miriam desdobrada. — Nada poderão fazer, pois não podem agir contra a liberdade de escolha das pessoas! Como Deus é bom, não é?!

Percebendo que nada poderiam realizar ali, os benfeitores retiraram-se da tenda de Amazaspo. Mitridarites e Uzith sentiam-se derrotados, mas Valda animou-os após uma longa prece reconfortante.

— Não temam! — comentou a líder. — O céu pode estar escuro, mas a alvorada virá inexoravelmente. Pena que ela pode ser retardada pelas paixões inferiores, no entanto, ainda assim virá. Não se esqueçam, irmãos, de que já estagiamos nesse estado mental violento e rancoroso.

— Mas é tão difícil permanecer otimista! — exclamou Mitridarites, ainda muito arraigado às percepções materiais.

— Sim, é difícil, contudo, é necessário buscar esse otimismo — atalhou a doce Uzith, e, voltando-se para o céu estrelado, os olhos escuros da bondosa entidade encontraram as vibrações benfazejas que vinham do Alto. — Vejam! Deus banha esta terra cheia de imperfeições com seu amor! Que os despertos para o Verdadeiro Caminho se banhem nessa luz e possam levar esse elixir aos perdidos!

Capítulo 9

No dia seguinte, todo o clã de Amazaspo estava em polvorosa. Os homens iriam até a cidade do rei Farasmanes para venderem os carneiros e as ovelhas que criaram, além da lã tosquiada. Amazaspo pretendia encontrar com Radamisto, seu sogro, e juntos poderiam negociar preços melhores.

Feliz, pela primeira vez, em muito tempo, Miriam ansiava por ver Bacúrio, seu amado irmão e principal auxiliar de seu pai. Quando, contudo, foi informada por uma serva chamada Elana que os homens dos dois clãs iriam se encontrar na estrada, toda a luz que despertara em seu coração amainou.

— Chefe Amazaspo quer você nas libações, senhora Miriam — disse Elana, após tirar as ilusões de reencontro da jovem com seu irmão. — Ele ordenou que esteja corada.

As libações eram fundamentais para os clãs de pastores daquela região, que um dia viria a ser o Cáucaso, mais especificamente uma região do país chamado Geórgia. Negócios em geral só podiam acontecer com a bênção de algum deus.

A conversa entre Miriam e Elana ocorreu nos primeiros raios de luz do dia. Amazaspo, como todos os outros homens que tinham aquele modo de vida, saiu nas horas frias da madrugada para as primeiras atividades. Quando as duas mulheres saíram da grande tenda, juntaram-se às demais pessoas da grande família numa elevação que ficava próxima ao riacho que passava ao largo do assentamento.

O velho sacerdote Ilkarazo, o homem mais velho do clã, sendo seguido pelo próprio Amazaspo, contemplou o céu luminoso e proferiu seu discurso aos deuses. Ainda no reino da Ibéria, os deuses tribais eram cultuados, embora na capital do reino houvesse templos dos deuses romanos e de outros povos. Três pombos foram sacrificados, e suas vísceras foram examinadas silenciosamente por Ilkarazo e seus auxiliares. Na sequência, sete ovelhas foram abatidas com maestria pelo sacerdote, enquanto o povo tecia seus pedidos.

Entidades misturaram-se ao povo humilde de Amazaspo. Melk e seus comparsas vinculavam-se com os pensamentos mesquinhos das pessoas, sorvendo as energias dos animais imolados. Valda, Mitridarites e Uzith, como outros modestos benfeitores sob o comando de Lanim, também manipulavam as energias emanadas pelo evento religioso, desfazendo os malfeitos dos obsessores e buscando auxiliar aqueles que desejavam vibrações mais elevadas.

Miriam, por sua vez, orava pela morte do marido. Com os olhos fixos em sua jovem madrasta, Bórias também orava. Os olhares dos dois jovens cruzaram-se e fixaram-se por um longo tempo, e um estranho sentimento chegou a Miriam, que estremeceu. O homem de barba escura, alto e belo, que conduzira sua carroça, olhava-a de maneira ardente. A jovem percebeu que estava tão ferida e aterrorizada por ocasião de suas núpcias que não reparara em nenhum dos acompanhantes do chefe Amazaspo. Bórias, por sua vez, sentiu-se desejado pela noiva que lhe fora tomada pelo próprio pai.

Valda e Melk notaram o vínculo magnético que surgira entre os dois jovens e lançaram suas vibrações benéficas e maléficas sobre Bórias e Miriam. As vibrações do maligno sacerdote desencarnado, contudo, prevaleceram, e os jovens escolheram estreitar os vínculos vibratórios.

***

Com as profundas rugas que marcavam seu rosto cansado e orgulhoso, Amazaspo fitou o céu. Sua calvície amarelada dava ao velho chefe um aspecto cadavérico e seus longos cabelos brancos e ensebados, que resistiam ainda na linha das orelhas até a nuca, esvoaçavam ao sabor do vento fresco da manhã.

— Faremos bons negócios! — bradou Amazaspo com a voz rouquenha. — O rei ouvirá nossas palavras! Haverá prosperidade para nós! E assim deve ser!

Os homens que iriam para a cidade beijaram suas esposas e seus filhos. Austero e inflexível como seu pai, Saurmague chamou para junto de si seu primogênito, um rapaz alto e magro chamado Izor. Seria a primeira vez que o jovem iria para a grande capital do reino da Ibéria. Aos olhos de Miriam, Izor era apenas um filhote de gente, estranhamente espichado, igual aos filhos de seu antigo clã. Algo muito íntimo dizia a ela que aquelas pessoas não tinham sua refinada estirpe. Apenas Bacúrio possuía. Ao pensar no irmão, o único que tinha se importado com ela, uma lágrima brotou de seus olhos e percorreu seu rosto corado pela maquiagem que Elana lhe aplicara.

Quando Amazaspo e Saurmague ficaram prontos para partir, Bórias apresentou-se cerimoniosamente a eles.

Sem esboçar qualquer emoção, o velho chefe entregou a guarda da família ao seu segundo filho, que, pela primeira vez, não protestou por ser impedido de ir à cidade.

Montados em cavalos, os chefes do clã tomaram a dianteira seguidos por três grandes carroças, e, mais ao largo, jovens vigorosos e auxiliados por cães tocaram os carneiros e as ovelhas que seriam vendidos na cidade. Os homens que partiam cantavam e estavam felizes. Iriam ver as novidades do reino e, sem nenhum constrangimento, anunciavam os excessos da carne que iriam buscar.

Enrolada em seu belo xale, Miriam sentia alívio por estar distante de seu esposo. Seus olhos escuros procuraram novamente por Bórias, que tinha os olhos fixos na caravana que partia. Elana e outras mulheres perceberam o olhar da jovem mulher de Amazaspo e entreolharam-se temerosas do que pudesse acontecer.

Ilkarazo, o sacerdote, chamou por Bórias. Ninguém soube dizer se o velho feiticeiro percebera a indiscrição da esposa do chefe da família. O líder interino caminhou rapidamente até o religioso, que se tornara o sucessor de Melk, morto estranhamente havia muitos anos. O que ninguém sabia era que Ilkarazo assassinara seu mestre por meio de veneno e culpara a falta de fé nos deuses do velho sacerdote.

Os bons e os maus espíritos que se reuniam à volta daquela comunidade a tudo observavam. Algumas entidades partiram em companhia dos viajantes, mas Valda e Melk, os líderes das duas facções espirituais, permaneceram no local.

Capítulo 10

Uzith fitou a companheira de lutas mais sábia. Mitridarites e mais dois benfeitores partiram com o grupo de Amazaspo, mas poderiam ser chamados de volta com um simples pensamento.

— Devemos nos aconselhar com Lanim — disse Uzith, profundamente preocupada. — Todo o planejamento reencarnatório desse pessoal está em risco.

— Sempre está em risco — asseverou a outra, com praticidade. — As más tendências sempre gritam muito forte no âmago dos seres. Não devemos nos esquecer de que estamos muito longe da perfeição. Ainda temos, por exemplo, muita treva em nós, e não tardará para regressarmos à carne e enfrentarmos nossas próprias lutas — a líder dos benfeitores suspirou. — Você está certa. É hora de buscarmos a opinião do verdadeiro sábio desta região.

As duas entidades deixaram o local, mas antes determinaram a Alessandro, um auxiliar do mesmo tônus vibratório de Mitridarites, a permanecer no comando. A decisão de buscar orientações aconteceu após Ilkarazo chamar Bórias para uma reunião privada.

Valda e Uzith chegaram a um alto castelo plasmado nas zonas próximas à crosta terrestre. Ali residia Lanim e diversos trabalhadores do bem, que atuavam na recuperação de espíritos desencarnados e reencarnados. Tanto Valda quanto seus companheiros de tarefa haviam sido amparados naquele lugar bendito e preparados para diversas tarefas enlevadas.

Lanim, um espírito que vergava uma humilde aparência perispiritual com alguns traços nortistas, estava sentado na formosa praça que havia dentro das altas fortificações. Por vezes, hostes de espíritos perturbados lançavam-se em vão contra o maciço portão e as altas paredes. Buscavam, diziam alguns deles, as riquezas que "aquele rei exótico" possuía, e, nesse processo de tentativa de pilhagem, muitos caíam exaustos e acabavam socorridos pelas equipes de amparo, tornando-se, assim, não prisioneiros, mas pacientes em recuperação.

Com seus olhos claros e vibrantes, o nobre mentor detectou a chegada das duas amigas e abriu os braços para que elas se aproximassem e recebessem um caloroso abraço.

— Sentem-se, irmãs — disse Lanim, que possuía uma estatura elevada e parecia uma montanha nevada ao lado das duas benfeitoras pequenas e de traços morenos. — Estou ciente da vinda de vocês e das preocupações que trazem. Estou encerrando a reflexão de hoje.

As vinte e duas entidades que estavam ali observaram Valda e Uzith, que foram acolhidas pelas equipes de resgate. Representavam diversos povos da região e traziam muitas dúvidas visíveis em seus olhos cansados. Dois ou três estavam visivelmente escandalizados por não terem sido recebidos por seus respectivos deuses. Aquele grupo extremamente heterogêneo era um dos primeiros grupos de espíritos daquela região a receber os ensinamentos revolucionários que, na distante Palestina, o Mestre do Mundo em pessoa implantava na Terra. Uzith sorriu ao ver um espírito feminino de aparência bem idosa, que parecia assustada em estar ali ouvindo estranhos ensinamentos. A auxiliar de Valda se colocou no lugar dela quase que imediatamente. Na verdade, conjecturou Uzith, muitos ensinamentos do Grande Mestre — dos poucos que sabia — ainda eram muito exóticos ao seu coração marcado por inúmeras reencarnações muito apegadas a conceitos que não mais se adequavam à sua existência e aos espíritos vinculados àquele planeta.

— Então, meus irmãos — proferiu Lanim de pé, enquanto os demais estavam sentados no chão —, a Lei de Deus não determina que vaguemos indefinidamente após a morte em reinos bons e maus, conforme nossas ações. A Lei de Deus, tenha Ele o nome que for, nos impele à nossa própria evolução. Esse processo era imperceptível a todos nós no passado, quando este mundo era mais primitivo, materialista e até mesmo brando...

O homem silenciou por alguns segundos para que seu público tentasse absorver o máximo de informações e continuou:

— Isso mesmo, meus irmãos, este mundo primitivo, duro e violento que conhecemos há séculos ou milênios é brando, pois, em nossa ignorância, a Lei compreende nossa limitação e não nos sobrecarrega com uma mão pesada. Contudo, amados irmãos, nada na obra de Deus está parado, imóvel. Fomos feitos para a grandeza moral e para a luz. — Neste momento, Lanim pareceu adquirir um brilho radiante, alvíssimo, que revelou uma pequena parcela de sua elevação espiritual. — À medida que amadurecemos para as Leis Divinas, ou seja, que nos instruímos, nossa ignorância se esgota, e passamos a usar verdadeiramente nosso livre-arbítrio. Nossas escolhas, então, se tornam mais verdadeiras! Isso significa que ao aprendermos sobre as Leis Divinas, ou Naturais, pois provêm de Deus, mais nos comprometemos com ela. Quando erramos e atentamos contra essas leis, criamos um grande sofrimento para nós mesmos, porque, sabendo qual é o certo a ser feito, acabamos optando pelo errado. Eis a causa do verdadeiro sofrimento! — fitando o rosto de cada um dos presentes ali, o mentor suspirou e depois sorriu. — Essa é a Verdade, meus irmãos. Se vocês estão ouvindo essa revelação é porque suas mentes conseguem compreendê-la e porque um dia vocês terão a oportunidade de praticá-la. Tenhamos essa convicção. Objetivando reforçar as Leis do Criador, o Mestre se fez carne, semeando a Verdade no coração da humanidade. Séculos passarão. Vidas na Terra, indo e vindo sucessivamente, serão necessárias a todos nós para que possamos entender ao máximo os pontos que já falei aos irmãos, como perdão, compaixão, tolerância e tantas outras virtudes que nos aproximam de Deus. Agora, oremos para agradecer a bênção do aprendizado e roguemos para que tenhamos forças para enfrentar a sombra que habita dentro de nós.

Assim, Lanim encerrou as lições do dia, e todos, profundamente tocados pela vibração do mentor, se retiraram para seus afazeres. Não era ali o momento de esclarecer dúvidas que haviam sido formuladas durante a palestra. As questões deveriam ser elaboradas no íntimo de cada um e, na hora propícia, seriam levantadas e discutidas em todo o grupo.

Valda e Uzith aproximaram-se do benfeitor, que se despediu do último dos pupilos. Com um amplo abraço, Lanim enlaçou as companheiras e as abençoou.

— Que ensinamentos virtuosos, irmão! — disse Uzith, emocionada. — Sinto falta de suas palavras.

— Temos todo o tempo do mundo para os ensinamentos do Rei dos reis — asseverou Lanim. — Não tenhamos tanta pressa, Uzith. Teoria sem prática pouco acrescenta à evolução. Teoria bem dosada com a prática é o que todos precisamos — o líder do castelo convidou as irmãs para caminhar. — Aprender uma coisa de forma verdadeira é muito difícil, quiçá, duas ou três. Para isso, temos as vidas sucessivas, a eternidade! O que não podemos é estagnar no caminho!

Uzith entendeu a fala de Lanim. A entidade, ainda muito apegada às coisas terrenas, era muito ansiosa por adquirir conhecimentos e quase sempre se comportava de forma estouvada. Precisava ainda do pulso de Valda para não se atrapalhar.

Os três espíritos chegaram a um modesto escritório, onde Lanim buscava seus momentos de intimidade. Após se sentarem em almofadas azuis, os olhos de Valda buscaram os raios solares do entardecer, que irrompiam pela alta janela. Havia três torres no castelo, e os três estavam no último andar da mais alta.

— Queria que nosso grupo tivesse ouvido sua sabedoria, mestre Lanim — disse Valda após uma prece. — Mais do que orientações sobre a Lei de Deus, precisamos de um bom gole de conforto e esperança... Nossos tutelados, todos eles, beiram o precipício do fracasso.

Lanim ponderou as palavras da querida auxiliar. O mentor caminhou até a janela e fitou o crepúsculo. A resposta estava nele.

— Todos os dias o sol nasce. Essa é uma promessa — respondeu o espírito de aparência vigorosa, que, para muitos, ali lhe conferia a aparência de algum deus. — Se seus tutelados quiserem continuar no meio das frias sombras hoje, amanhã poderão querer contemplar a alvorada. Lembre-se, Valda, de que não podemos dar saltos na caminhada. Um pé de cada vez. Se eles tropeçarem e caírem, não será sua culpa. Cabe a nós esperar que se levantem e prossigam a jornada. — Lanim pôs suas enormes mãos nos ombros de Valda e continuou: — Nós já não fomos piores do que eles estão agora? Vyasa, meu irmão e companheiro de lutas, já foi uma criatura terrível e hoje contempla a face do Rei dos reis. Após tanto sofrer, Vyasa começou a escolher bem. Eu posso afirmar que fiz o mesmo e que você e Uzith também. Nossos tutelados farão o mesmo. Trabalhemos para que isso aconteça!

Contemplando o céu estrelado que surgia pela alta janela, as três entidades silenciaram. Em ambos os planos de existência, a brisa do outono cobria aquela parte da grande escola chamada Terra.

— As outras dúvidas de vocês não serão respondidas por mim — disse Lanim às companheiras.

— Mas quem, senão o mestre Lanim, nos esclarecerá as dúvidas? — perguntou Uzith, enquanto Valda compreendia as palavras do sábio.

— Talvez eu possa, nobre Uzith — disse Vyasa à soleira da porta do aposento modesto de Lanim. — Vim das terras do Oriente para ajudá-las em seu aprendizado e para colaborar com nossos amores renascidos na valorosa Ibéria.

Espantadas com a chegada do venerável Vyasa, Valda e Uzith foram tomadas pelas antigas práticas e, absortas em profundo respeito, curvaram seus corpos. O bondoso Lanim abraçou seu antigo amigo, que, por sua vez, foi até as trabalhadoras do Bem e as ergueu. Em seguida, beijou delicadamente as mãos de ambas.

— Essa reunião ocorre em momento oportuno, irmãos — proferiu Vyasa, sendo convidado por Lanim a sentar-se em uma almofada. — As más escolhas de nossos tutelados sempre são um grande empecilho aos planos que eles mesmos fazem aqui.

— Decerto — asseverou Lanim —, ao espírito chamado Miriam foi decidido que ela ficasse no nosso plano por séculos a fim de sedimentar bons valores que a conduziriam ao bem, contudo, as viciações que ela carrega são muito fortes. O mesmo digo dos outros.

— O fato de Amazaspo ter tomado Miriam como esposa — prosseguiu Valda — fez despertar na moça pensamentos sombrios. Ela acabou, por fim, aliando-se a irmãos caídos sob o comando de Melk e Miri.

— Se ela tivesse se casado com Bórias, conforme fora planejado — anuiu Lanim —, as intemperanças de Miriam não eclodiriam com tanta força. Já Bórias, por sua vez, não abraçaria as trevas como está fazendo. A guerra virá para aquela região, e, irado, o filho de Amazaspo vai encará-la com o olhar diferente do que seria necessário. — O venerável líder daquela colônia de socorro juntou as mãos grandes como se meditasse. — A onda de fúria varrerá todo o clã ao qual eles pertencem.

— Originalmente — disse Uzith, vacilante por estar em meio a dois sábios —, Neeraj iria renascer do ventre de Miriam por meio da semente de Bórias. E agora?

— Neeraj renascerá através de Miriam — respondeu Vyasa, ponderando as palavras. — Ele já renasceu brevemente por duas vezes e agora precisa, pelas vias do sangue, começar a se reconciliar com a antiga Mahara, hoje Miriam. Na verdade, não importa quem doaria a semente material, se Amazaspo ou Bórias. Embora eu tenha que informar aos irmãos que fatalmente será por adultério a concepção do antigo general nanda...

Encabuladas, Valda e Uzith baixaram a cabeça. O reajustamento dos planos de renascimento era necessário. Havia muitas chances de sucesso, mesmo com as más escolhas daquele grupo imerso na carne.

— Haverá escândalo — sussurrou Uzith.

— Amazaspo não viverá além deste inverno — proferiu Lanim. — Saurmague pode conceder Miriam a Bórias.

O rosto alvo e venerável de Lanim buscou a face nobre e majestosa de Vyasa, então, o líder daquele castelo soube.

— Temos de estar preparados! — sentenciou Vyasa. — Engana-se quem acha que nossos planejamentos evolutivos são infalíveis a curto prazo. O livre-arbítrio é absoluto e nos competem as adaptações, sempre visando ao Bem Maior. Suri já está preparando Neeraj para regressar à carne. Tenhamos confiança em Deus de que nossas crianças crescerão moralmente. Se não aprenderem a viver melhor no presente, guardarão consigo os ensinamentos no futuro. Essa é a Lei.

— E quanto a Melk e seu bando? — indagou Valda, após refletir sobre as palavras duras de Vyasa.

— Despertarão com o tempo — asseverou o sábio oriental. — Mitridarites e seus guardas poderão afastá-los da família em breve, mas por um curto período. Recorde-mo-nos de que esses caídos dependem de se aliarem aos ditos vivos. Assim como nós, esses espíritos sombrios não podem interferir no livre-arbítrio de ninguém.

Sob o olhar atento de Lanim, Vyasa passou outras informações para Valda e Uzith. O drama evolutivo de Miriam, Bórias e dos demais era antigo e profundo. Os benfeitores sabiam que era necessária muita paciência para os resultados serem benéficos.

O dia raiava, banhando os alvos muros do castelo de Lanim, que era chamado pelos residentes de Castelo da Luz, pelo fato de as paredes ganharem com a luz matutina uma aparência esplendorosa e luminosa.

Em silenciosa reverência, Valda e Uzith despediram-se dos mestres e seguiram para onde seus protegidos viviam sob os grilhões da carne.

Capítulo 11

Ilkarazo chamou Bórias para sua tenda. O chefe interino do clã seguiu o sacerdote silenciosamente, sob os olhares daqueles que ficaram para trás, enquanto Amazaspo e um animado grupo de homens seguiram para a corte de Farasmanes.

A grande tenda do velho feiticeiro tinha um aspecto lúgubre. Um odor de material em decomposição emanava por todo o local, fazendo o cenho de Bórias franzir em desagrado. "Somente meu pai aprecia entrar neste lugar", pensou o jovem.

— Os deuses falaram comigo, Bórias — disse o velho, com ar solene. — E falaram sobre você.

Bórias empertigou-se. Sabia que Ilkarazo era pomposo com as pessoas, mas extremamente servil com seu pai. O caçula de Amazaspo aproximou-se do sacerdote mais do que desejava.

— Foi-me revelado que você chefiará a família em breve! Seja calmo, prudente e verá! — sussurrou o sacerdote, recebendo as vibrações de Melk, que resfolegava de ódio.

Bórias sorriu. Planejara em pensamento a morte do pai pelo fato de ele ter roubado sua noiva e o humilhado perante seu clã e o de Radamisto, mas ficou apenas nisso. O rapaz sabia que Saurmague era o sucessor de seu pai no comando. Considerava o irmão mais velho um líder fraco e simplório, contudo, o amava muito.

— Está louco, velho?! — rosnou Bórias. — Mesmo que meu pai morra, meu irmão será o chefe. Eu mesmo assegurarei isso! — As mãos vigorosas do jovem chegaram ao pescoço de Ilkarazo e levantaram-no do chão. — Fale sobre isso, porco, e o esfolarei vivo!

Ilkarazo caiu pesadamente no chão, com vários de seus ossos estalando. Trêmulo, o feiticeiro pôs as mãos esqueléticas no pescoço magoado e fitou Bórias com desdém.

— Tolo — disse com voz rouquenha o sacerdote. — Quantas vezes lhe dei um conselho errado? Quantas vezes falhei em ouvir os deuses? Não me tome por incapaz, criança. Não sei o que aguarda seu pai e seu irmão, mas você há de ser o chefe desta terra. Assim será.

— Se isso acontecer, velho — disparou Bórias, ainda furioso —, eu lhe pedirei perdão. Até lá, não fique na minha frente.

— Quando isso acontecer, Bórias — sussurrou Ilkarazo —, não desejarei seu perdão, mas uma nova esposa à minha escolha!

Bórias saiu da grande tenda de Ilkarazo, levando no coração pensamentos sombrios. Sabia que o feiticeiro não tentara bajulá-lo, pois ele apenas fazia isso com quem estava no comando. O ar puro de outono encheu seus pulmões, e Bórias recordou-se de Miriam. Outros pensamentos deram lugar aos advindos da curta conversa com Ilkarazo.

O chefe interino chamou alguns rapazes e deu-lhes algumas ordens referentes à manutenção dos animais do clã. Lobos sempre espreitavam, e, como havia menos olhos para proteger as ovelhas, as feras poderiam atacar. Aqueles comandos eram do seu cotidiano, contudo, Bórias percebeu naquele momento que falava com uma nova entonação. Uma forma mais régia, a seu ver, de disparar as ordens.

Após se despedir dos rapazes, os pensamentos de Bórias voltaram-se para Miriam. Onde ela estaria? Retornando à tenda que erguera para o casamento que não acontecera, o jovem foi recebido por Miri, sua primeira madrasta. A entidade o enlaçou com sua teia fluídica e imersa em más vibrações. Ela encontrou facilidade em conectar-se aos pensamentos sombrios de seu antigo enteado, fazendo-o desejar Miriam ainda mais.

O dia já tinha evanescido aos últimos raios de luz, e Bórias, ligeiramente embriagado pelo álcool e pelos maus pensamentos, esgueirou-se por entre as sombras das tendas do assentamento. Ninguém o percebeu. Comandadas por Melk, as entidades encarregaram-se de fazer as pessoas do clã se entregarem a jogos e bebidas. Os benfeitores, encarregados por Valda de zelarem pela grande família de Amazaspo, pouco podiam fazer.

Espiando por uma fresta dos grandes toldos que formavam a tenda senhorial de seu pai, o chefe interino do clã percebeu que Elana era a única a acompanhar Miriam. As outras mulheres desprezavam a jovem esposa de Amazaspo.

— Elana — disse Bórias assustando a serva, esposa de um de seus parentes. — Se grasnar, morre! — com largas passadas, o jovem alcançou a pobre mulher, que entendeu rapidamente os acontecimentos. — Tomarei o que é meu! Se você, infeliz, comentar com seu esposo ou com qualquer um, estará morta ao alvorecer, mas não antes de seus filhos!

— Piedade, meu senhor! — murmurou a mulher, pondo as mãos na boca. — Sou serva! Sou fraca! Seu pai me matará!

— Apenas se você falar — asseverou Bórias com ar sinistro. — Cansei de humilhação! Agora terei minha mulher!

— Baixe a voz — disse Miriam, que surgiu pela porta feita de bolotas de madeira enfeixadas por uma fina corda. O ruído rouco desses materiais pareceu assustar o jovem.

— Tenha certeza do que quer, Bórias. Cansei de ser um joguete nas mãos dos homens. Primeiro, meu pai; depois, Amazaspo. Não serei seu joguete — enlaçada magneticamente por Melk e por seu livre-arbítrio, Miriam pediu a Elana que saísse. — Eu agora sou uma mulher e o desejo, Bórias, meu noivo negado. Faça-me rainha!

Enquanto Elana se esgueirava aturdida para fora da grande tenda de Amazaspo, Bórias e Miriam uniam-se sob os olhares dos temíveis obsessores e dos benfeitores, que em prece rogavam ao Alto, clamando para que todos ali abandonassem as trevas presentes em seus corações.

Capítulo 12

Amazaspo e sua comitiva regressaram de Mtskheta, capital do reino, nove dias depois de terem saído, com lã, tapetes e animais para vender. Chegaram, pois, ruidosos e de ânimo elevado. À frente de todos, Amazaspo e Saurmague vinham montados em mulas jovens.

Bórias e todos que tinham ficado nas terras do clã vieram receber os recém-chegados com alegria. Crianças correram para seus pais, enquanto os velhos ansiavam pelas novidades. Amazaspo caminhou lentamente para sua altiva esposa, que estava enrolada em uma grossa manta de lã escura, e beijou sua testa. Por um segundo, os olhos de Miriam encontraram-se com os de Bórias, alguns metros afastado dela.

— Minha gente — disse o velho chefe, com sua voz rouca e cansada —, temos notícias que não podem esperar! Acendam uma grande fogueira e preparem a aguardente e o vinho. Tragam uns dois bons carneiros também. O tempo corre depressa!

Ao ouvirem aquelas palavras, as pessoas espantaram-se, e cada uma delas foi executar sua atividade. Sabiam que Amazaspo iria contar as novidades da capital, mas apenas no dia seguinte, como era o costume. Os mais velhos franziram o cenho e coçaram suas barbas longas.

O grande cadeirão foi trazido da tenda de Amazaspo, que engolia grandes goles de vinho. Enquanto o povo cuidava dos preparativos da reunião, Bórias informou ao pai dos acontecimentos dos últimos dias. Meneando a cabeça satisfeito, o chefe grunhiu uma tímida aprovação ao filho, enquanto seus olhos embaçados pela idade estavam fixos em Miriam. Para Bórias, o chefe da família parecia incrivelmente desgastado pela viagem até a cidade do rei. Sobrevieram, então, as palavras proféticas e perigosas de Ilkarazo.

Reunido o clã, Amazaspo, ladeado por Saurmague, Bórias e Ilkarazo, fitou silenciosamente as pessoas que chefiava. A tensão estava presente em todos naquele entardecer de outono.

— Eu estive no conselho de nosso rei — iniciou Amazaspo solene. — Eu dividi pão com o rei Farasmanes. Eu vi o rei ser magnânimo em seus julgamentos, e ele ficou satisfeito por não termos levado nenhuma questão de justiça. — Enquanto o ancião discursava, o vento frio fê-lo encolher-se em sua espessa manta. — Conversei com os romanos enviados por Tibério César, amigo do rei Farasmanes — o chefe do clã engoliu um grande gole de vinho e fitou longamente as chamas que estavam diante dele. — O rei Farasmanes, em sua sabedoria, deseja invadir a Armênia, e Roma abençoou a empreitada. Emissários do rei já partiram em busca de guerreiros da Albânia e da Sarmácia, mas o rei quer que nós, os verdadeiros filhos da Ibéria, sejamos a coluna que sustentará essa conquista. Os deuses abençoaram essa causa!

Houve silêncio, e o crepitar das chamas e o som dos ventos frios pareciam trovões. Os jovens sentiam brotar dentro de si o ímpeto guerreiro, e seus punhos cerravam. Amazaspo tossiu.

— Bórias levará alguns dos nossos rapazes — disparou o chefe do clã. — Ele representará nossa família na guerra.

Miriam fitou o rosto afogueado do amante. Todo o seu plano desabara. Até mesmo Ilkarazo parecia surpreso, pois, ao ouvir o relato do líder, acreditou que Saurmague seria despachado para o estrangeiro e lá pereceria. O primogênito de Amazaspo, por sua vez, contemplou o céu. Não amava os combates, contudo, entendia que era seu papel liderar o grupo que serviria no exército de Farasmanes. O futuro líder, sabendo da decisão do pai havia dois dias, acabou aceitando a determinação do genitor.

— Eu aceito a tarefa, meu pai — disse Bórias, tentando parecer senhorial. — Levarei nossos guerreiros e retornarei repleto de espólios. Nossa honra brilhará ainda mais aos olhos do rei e de nossos deuses!

Os olhos de Miriam marejaram. Novamente, sentia-se traída. Fitando o amante com desdém, a filha de Radamisto amaldiçoou-o.

— Quando voltar da guerra, meu filho — retrucou o velho, com a voz fraca —, trataremos de seu casamento. Uma das belas filhas de Aspagor esperará por você! Tratei disso na cidade. Ela já está chegando à idade de se casar, e, assim que regressar, terá uma bela recepção!

— A menos que você decida tomá-la... — sussurrou Miriam, mordaz, fazendo Amazaspo empalidecer ainda mais diante daquela audácia que só ele e seus dois filhos ouviram.

— Bórias — disse Saurmague com agilidade mental —, amanhã se iniciarão os preparativos. Habitualmente, não se guerreia no inverno, mas o rei tem pressa! Ele quer semear as terras conquistadas ainda na primavera! Escolha bem nossos parentes, meu irmão! Bacúrio virá ter conosco também. Todos os clãs estão enviando seus melhores homens!

Bacúrio! — esse nome reverberou no coração de Miriam. Seu amado irmão iria às terras de seu marido, no entanto, a jovem logo refletiu que Bacúrio iria encontrar com seu amante na estrada. "Que dupla poderosa os armênios enfrentarão!", pensou Miriam.

Outras palavras foram ditas, e Ilkarazo anunciou que seriam realizadas libações aos deuses em agradecimento pelo retorno de Amazaspo e ao grupo que Bórias lideraria na guerra.

Ao final do conselho, Amazaspo engoliu o vinho de sua caneca e caminhou lentamente para casa, sendo seguido por Miriam e Elana, que tremia da cabeça aos pés. A serviçal não conseguia sustentar o olhar, certa de que sofreria terríveis consequências por acobertar o crime da esposa e do filho do senhor do clã.

Ao entrarem na grande tenda, o velho Amazaspo jogou o manto no chão e, com o rosto transfigurado de fúria, tentou esbofetear Miriam. A jovem, contudo, esquivou-se agilmente, fazendo seu marido cambalear.

— Atrevida! — rosnou o ancião. — Insolente!

— O que eu fiz, esposo? — volveu a jovem, contendo o riso. — Achei que fosse espantar um mosquito que voava perto de mim!

— Eu te mato! — bufou Amazaspo, tentando se aproximar de Miriam, enquanto Elana se encolhia. — Como ousa me chamar de ladrão?

— Ah, foi isso? — sorriu Miriam. — Não sou mentirosa. Ou sou? Mate-me, esposo. Bem pode fazer isso! Também pode arranjar outra que lhe esquente os ossos. Sei que não passou frio na cidade do rei, no entanto, ninguém, além de mim, poderá confortá-lo verdadeiramente.

— Você é a pior esposa que tive! — grasnou Amazaspo, trêmulo e pálido.

— Sou aquela que teve uma série de oportunidades de matá-lo, velho — sibilou Miriam —, mas não o fiz. Duas das suas antigas mulheres tentaram, não é?

— Como sabe? — indagou o ancião completamente aparvalhado. — Ilkarazo?

— Os deuses me contaram — respondeu Miriam, atribuindo aquela resposta ao que ouvira da própria Miri em desdobramento do sono. — Não ache que, embora jovem, eu seja tola. Tem em mim a lealdade necessária.

Miriam não percebia, mas Melk aliara-se a seu campo mental. A entidade tentava ajudar a jovem a salvar sua vida para que seu plano rendesse frutos.

— Ainda assim — resmungou Amazaspo, exausto —, estou aqui. Vivo e forte.

— Vivo, sim — gargalhou Melk —, mas forte....

Miriam caminhou com confiança até o marido e pôs suas pequenas mãos sobre o rosto frio e enrugado de Amazaspo. O idoso sentia-se alquebrado, e os dois sabiam disso. Convocando Elana, Miriam levou o chefe do clã para o leito e deu-lhe um caldo quente antes de dormir.

— Não sabia que era feiticeira — murmurou Amazaspo à mulher. — Seu pai não me falou disso.

— Ele não sabe — respondeu Miriam. — E isso lhe dá vantagem, esposo. Um segredo meu e seu.

Capítulo 13

Enquanto Amazaspo ressonava, Miriam pensava no que fazer. Em seus devaneios, via-se nos braços de Bórias e livre da prisão em que vivia. Agora, contudo, novas ideias surgiam em sua mente espiritualmente milenar. Instintivamente, Miriam tocou seu ventre. Na madrugada que antecedera a chegada de Amazaspo, sonhara com uma criatura horrenda. Por um instante, pareceu-lhe que reconhecia aquele estranho ser.

Valda estava diante da jovem que fora trazida do Oriente para desapegar-se dos erros do passado. Aceitara, sem restrições, incluir aquele espírito duro junto ao grupo que acompanhava havia quase um século. Todos eram esfarrapados morais. Ela mesma, pensou com franqueza, já fora pior do que aqueles reencarnados estavam agora.

— Valda, está aí? — perguntou Melk, ladeado por Miri.

— Sim, meu irmão — respondeu a benfeitora, fazendo-se visível aos dois espíritos mais grosseiros. — Deseja debelar todo o mal que realiza?

— Ah, não! — respondeu Melk, severo. — Mas desejo falar com você. É possível?

Raras eram as conversas entre os dois seres espirituais. No passado, Melk fora um médium de grandes faculdades, contudo, caíra por quatro vezes no vício da vaidade. Vasto era seu conhecimento sobre os assuntos da espiritualidade, coisa que faltava a Miri e à sua hoste de comandados.

— Por que ligou aquela estranha criatura a Miriam? — indagou Melk, com franqueza. — Aqueles dois se detestam!

De fato, na véspera, Valda e seus companheiros egressos do castelo de Lanim, sob a tutela de Vyasa, ligaram magneticamente o espírito que fora Neeraj a Miriam a partir da semente de Bórias.

— Esses dois espíritos têm longa história, Melk — respondeu calmamente a benfeitora —, e é hora do reajuste entre eles. Os laços de sangue podem fazer surgir o amor entre os dois. O instinto de proteção materno garantirá a aceitação entre eles.

— Duvido — retrucou o outro. — Miriam emana ódio puro, e esse outro também não me parece ser dos melhores! — O espírito das sombras gargalhou e disse: — Em breve, Miriam o tirará de seu ventre! Essa garota se aproximará ainda mais de mim!

— Se você não corrigir seus erros — asseverou Valda, ignorando as palavras de seu adversário —, acabará na mesma situação. A Lei Divina nos ensina isso. Nós aprendemos as lições pela dor ou pelo amor. A escolha é nossa.

— Não... — sussurrou Melk, ligeiramente intimidado com o magnetismo de Valda no momento em que proferia referência à Lei Indestrutível. — Terei Amazaspo, Ilkarazo e todos os outros que me destruíram sob meus pés pela eternidade.

— Sabe muito bem que não acontecerá como quer, Melk — interrompeu Valda, com firmeza. — Pode achar que conseguirá dominar seus desafetos, mas, na verdade, apenas abraçará ainda mais aqueles que jurou escravizar.

Contrariado, Melk virou as costas para Valda e afastou-se dali, levando consigo a assustada Miri. A benfeitora novamente fitou o rosto pensativo de Miriam e em seguida orou por todos ali, sobretudo por Melk. Valda não desistiria de ninguém daquele grupo, muito menos daquele cruel obsessor que, muitos anos atrás, fora seu filho.

A benfeitora direcionou a Miriam um possante fluxo magnético, com a intenção de tentar falar com a moça. Fracassara antes, devido à grande revolta que a jovem sentia, mas Valda acreditava que em algum momento a tutelada cederia.

Alheia ao embate entre os espíritos que a cercavam, Miriam sentiu o cansaço chegar e, recostada em seu leito de palha e peles, adormeceu. Seu espírito desprendeu-se do veículo físico semientorpecido, e Valda, manipulando magneticamente a protegida, fez Miriam despertar na espiritualidade.

Divisando a benfeitora, já conhecida da jovem quando em desdobramento, Miriam cerrou o cenho. Não iria encontrar-se com Bórias naquela noite. Pelo menos, pensou a esposa de Amazaspo, não seria atormentada pelos deuses sombrios.

— Minha pequena — disse Valda, emitindo vibrações de amor —, precisamos conversar.

— Enquanto eu sofrer, ó deusa da lua — disparou arrogantemente Miriam, pois era assim que Valda era vista por ela —, nada tratarei com você. Não pode me fazer sofrer mais!

— Não diga isso, criança — asseverou a outra, com sutil firmeza. — Existem dores maiores neste mundo. Esqueça os delitos e procure ter uma vida tranquila com...

— Não! — exclamou Miriam, num arroubo. — Não vou viver mais com esse velho abjeto, tampouco com Bórias, que vai me abandonar. — Os olhos espirituais da jovem pousaram em um fio que saía do seu ventre e conectava seu corpo físico ao de outro espírito que parecia adormecido. — Muito menos quero ficar perto disso! Não tolero esse monstro!

Tomada por piedade, Valda sabia que Miriam tinha total pavor de Neeraj ligado a ela por laços magnéticos. Confiante, a benfeitora passou a mão no rosto magro de Miriam.

— O amor precisa florescer, minha criança — disse Valda. — Chega dessa guerra entre vocês. O mundo recebeu uma nova lei: a do amor. Mesmo distante fisicamente do Mestre Sublime, você ainda recebe os ensinamentos dEle. Você precisa de Neeraj e ele de você. Não quer ser feliz?

Miriam fitou a entidade luminosa e o obscurecido Neeraj, que retornaria ao mundo como fruto de um amor proibido, mas, ainda assim, amor.

— Proteja-o — incentivou Valda. — Acalente-o e ensine-o a amar. Quebre o ódio e será verdadeiramente vitoriosa! Somente assim o sofrimento acabará.

Miriam recebeu todo o influxo vibratório salutar e, em seu íntimo, sabia de tudo aquilo que a veneranda entidade dissera. Na verdade, não lhe era surpresa aquele vínculo com seu estranho desafeto. Pareceu à jovem que aromas orientais engolfaram-na e que um facho de luz a banhou.

— Vyasa! — gritou Miriam em êxtase. — Guru! Meu amigo!

O rosto venerável do sábio surgiu na mente de Miriam, cimentando ainda mais aquele momento delicado. Vyasa, por sua vez, poderia ter ido ao encontro de sua pupila, porém, sua sabedoria indicou que cabia a Valda aquela tarefa. Ele, então, decidiu participar a distância.

Foi assim que, com as vibrações elevadas de Valda e de Vyasa, Miriam fitou o adormecido Neeraj junto de seu corpo material. O dia foi anunciado pelos galos que viviam no clã, e Valda retirou-se da grande tenda de Amazaspo e foi recebida pelo dedicado Mitridarites e por Uzith, seus auxiliares imediatos. Como a líder, eles haviam travado contato com os espíritos caídos que se espalhavam naquele local marcado por maus pensamentos.

Capítulo 14

Pouco antes de amanhecer, o clã de Amazaspo estava em polvorosa. Ansioso e insone, Bórias convocava os guerreiros que iriam se juntar às forças do rei. O jovem chefe de guerra escolhera os mais vigorosos dos homens e as lanças, os porretes e as — poucas — espadas foram depositados diante da grande tenda de Amazaspo. Ilkarazo iria abençoar as temíveis armas no momento oportuno.

Ignorando Miriam, as mulheres mais velhas arrumaram mantos reforçados e mantimentos para os orgulhosos guerreiros, enquanto os rapazotes aprontavam os animais que iriam partir com a força militar. Sentindo-se duplamente humilhada, por ser a esposa do chefe tribal e não ter qualquer voz ativa nos importantes serviços que se descortinavam, Miriam estava sentada em seu incômodo cadeirão ao lado do encolhido Amazaspo, igualmente cansado. O velho senhor não dirigira uma única palavra à mulher, que inconscientemente alisava o ventre por baixo de seu manto.

Discretamente, Miriam buscava Bórias, que exultava de felicidade, dardejando ordens como um rei. O rapaz parecia ter se esquecido dela completamente. Uma sensação ruim tomou conta de Miriam, que sentiu um leve tremor. Virando seus olhos para outra direção, viu Saurmague sentado à sombra de uma árvore na companhia de Ilkarazo. O primogênito de Amazaspo fitava duramente sua jovem madrasta, que tinha idade para ser sua filha. O velho sacerdote, tão decrépito quanto o chefe do clã, por sua vez, esboçava um sorriso enigmático.

Uma hora depois de o sol surgir, Bórias depositou sua lança e sua espada aos pés de Amazaspo. O velho chefe ergueu-se, senhorial, e fitou o sol, que surgia em meio às nuvens. Com a respiração pesada e pausada, Amazaspo abençoou o filho e os guerreiros que tinham se posto atrás de Bórias. Ilkarazo surgiu com uma gorda ovelha e, evocando os deuses, imolou-a. Tal como fora antes da partida de Amazaspo para Mtskheta, capital do rei Farasmanes, espíritos bons e maus misturavam-se ao modesto povo do clã.

— Traga-nos tesouros, Bórias — ordenou Amazaspo.
— Destrua os inimigos!

Miriam estremeceu. Subitamente, parecia que ela já ouvira aquelas palavras inúmeras vezes ao longo de séculos inimagináveis. Ouvira aquilo e proferira aquilo. Ela sentiu uma tristeza profunda, pois em seu íntimo vergastado pelas desilusões sentia que aquelas palavras eram erradas, embora não soubesse o porquê. Mal sabia ela que eram o resultado dos anos sob a tutela direta de Vyasa e Suri na bela colônia localizada na psicosfera da velha Índia e das conversas com Valda e seus representantes.

— Trarei honra e despojos para nosso clã, meu pai! — bradou Bórias com o rosto pintado por Ilkarazo com o sangue do cordeiro. — Vamos conquistar a Armênia!

Todos gritaram, exultantes com o eventual triunfo das forças da Ibéria que se reuniam por todo o país. Velhos e moços agitavam-se em seus sentimentos violentos e primitivos em sua essência, e Miriam parecia a única que não se adequava àquilo. Finalmente, Bórias cruzou seu olhar com o da jovem, e para ambos o cenário congelou. O influxo magnético entre os dois amantes deixou-os alheios a tudo, e, repentinamente, Miriam soube que Bórias voltaria para ela.

Com as bênçãos feitas, Bórias montou no único cavalo que o grupo de vinte guerreiros possuía e, com a lança erguida, partiu para a capital do reino. Duas grandes carroças, carregando os víveres necessários, o acompanhariam. Liderado por Saurmague, o povo acompanhou a comitiva até determinado ponto e depois regressou para seus intermináveis afazeres.

Uma lágrima ameaçou rolar pelo rosto de Miriam, mas isso não aconteceu. Em silêncio, a jovem caminhou para seu tear sob os olhares de Amazaspo.

Capítulo 15

Todas as guerras são cruéis, e dramas inenarráveis e complexos surgem em decorrência desses tristes atos. Em todos os minutos de qualquer conflito, espíritos benfeitores e atrasados refletem na erraticidade o confronto — ainda que de maneiras diferentes.

Na guerra que Farasmanes I levou ao reino vizinho, com ferozes albaneses e sármatas por mercenários, couberam ao ambicioso monarca pesados débitos morais. Em sua sanha por poder, ele arrasou o reino da Armênia e tomou suas terras, seu povo e sua coroa. Bórias e Bacúrio, irmão de Miriam, destacaram-se nos combates e atraíram os olhares do implacável rei, ainda que tivessem perdido muitos de seus parentes durante a invasão que contou com o apoio do poderoso Império Romano. Os dois homens receberam armaduras e amealharam fortuna durante os saques, deixando para trás a pobreza com a qual haviam se apresentado — ainda que garbosamente — às tropas do rei.

Enquanto Bórias e o irmão dela estavam na guerra, Miriam não conseguiu mais esconder a gravidez. Com a saúde debilitada, o velho Amazaspo continuava senhor do clã, porém, Saurmague era ouvido e obedecido por todos.

Dentro de sua grande tenda, o domínio era de Miriam, que se assomava sobre o ancião que tinha por esposo. Por meio de palavras astuciosas, a moça convencera o enfraquecido marido de que concebera o filho por ocasião do retorno deste da cidade do rei e que o vinho fizera aquela recordação desaparecer da mente de Amazaspo. Relutante, o chefe da tribo aquiesceu, até que, por fim, a enfermidade quebrou totalmente sua mente.

Naquele duro inverno, Amazaspo desencarnou, e Melk e seu bando de espíritos atormentados e felizes por finalmente aferroarem o desafeto em sua cadeia de ódio festejaram. Não contaram com Mitridarites, reforçado por soldados espirituais do Castelo da Luz, que fizeram a hoste trevosa recuar até os campos gelados. O próprio Lanim, entidade de alto valor moral, apresentou-se a Valda e seus companheiros. O humilde mentor, em pessoa, tomou o espírito atordoado de Amazaspo em seus braços.

— Que deus é esse que carrega com os próprios braços um criminoso? — gritou Miri, encolhida em um canto do aposento. — Que fiz eu para receber tanta humilhação?!

— É por amor a você, Miri — respondeu Lanim, com sua voz dulcíssima. — Não podemos permitir que Amazaspo permaneça em suas mãos — o bondoso mentor sorriu para a antiga esposa do tirano recém-desencarnado. — Absorta em pura vingança, você cairia ainda mais. Seu sofrimento apenas aumentaria.

— Não! — volveu Miri, sem ousar aproximar-se do majestoso ser de luz a quem considerava uma divindade. — Amazaspo me destruiu! Eu o amava!

— Você deve buscar a felicidade e não a tristeza — asseverou Lanim. — Pare de se ferir, minha filha!

Miri silenciou. Os influxos magnéticos de Lanim pareciam se espalhar por todo o acampamento. Ao longe, Mitridarites e as forças do Castelo da Luz mantinham distantes os espíritos sombrios. A antiga esposa de Amazaspo, morta pelas mãos dele, sentiu uma dúvida surgir dentro de si. "E se o deus estivesse certo? Não seria melhor abandonar o sofrimento e buscar a felicidade? Não seria melhor deixar a vingança para trás?", questionou-se.

Em silêncio, Miri tentou se colocar de pé, embora ainda se mantivesse de cabeça baixa. Lágrimas rolavam por seu atormentado rosto espiritual. Cometera, sabia ela, desatinos em vida e também no mundo espiritual, contudo, as palavras confortadoras do mestre espiritual davam uma estranha força à sofrida Miri.

— Quer vir comigo, minha filha? — indagou Lanim, conhecendo os pensamentos da outra. — Vamos abandonar por um tempo esta terra fria e implacável?

Em silêncio, Miri estendeu suas mãos encarquilhadas. Era o suficiente. Uzith aproximou-se da entidade sofrida e amparou-a. Com Amazaspo em seus braços, Lanim foi até Miri e afagou seus cabelos destroçados. Havia uma longa história entre eles, mas que seria contada em outro lugar. Outro drama que se arrastava por séculos sem fim.

Lanim e sua hoste de benfeitores, de certa maneira, venceram as forças da maldade. Mitridarites retornou com os guardas. Os reencarnados que acompanhavam o desencarne do chefe sentiram um silencioso alívio. Ilkarazo realizou as libações em homenagem ao morto, e sua mediunidade detectou uma divindade carregando a sombra do antigo chefe.

— Um deus esteve entre nós e levou consigo Amazaspo, filho de Kartam! — bradou o sacerdote para a felicidade de todos.

Naquele mesmo momento, Saurmague ergueu-se, com a espada nas mãos. Seu semblante era terrível. Com a lâmina apontada para o céu invernal, o herdeiro de Amazaspo, que era um homem grisalho, esperou que algum parente contestasse sua liderança, contudo, ninguém se manifestou. Ainda.

Capítulo 16

Amazaspo foi enterrado nos campos gelados logo ao amanhecer. Com a barriga grande, Miriam permaneceu ao lado do finado o tempo todo. Nenhum membro do clã falou com ela, mas a filha de Radamisto sentia os pesados olhares sobre si.

Após o enterro, a jovem caminhou sozinha até onde as grandes tendas haviam sido erguidas. Por estar muito pesada, ficou para trás, e o sentimento de liberdade se apossou dela. Sorrindo em meio ao inverno da Ibéria, Miriam pensou que agora viveria em paz, no entanto, ao alcançar a tenda onde habitara com Amazaspo, a dura realidade chocou-se com sua face magra.

Saurmague estava se mudando para a tenda de seu pai. Seus filhos e parentes haviam lançado fora as mantas e os poucos pertences de Miriam.

— Que tolice é essa?! — questionou a jovem viúva.

— Esta tenda é minha agora, criança — volveu Saurmague com o colar de ouro que fora de seu pai. Você viverá onde eu quiser agora. — O novo chefe do clã abaixou-se e jogou sobre Miriam um pesado manto que estava no chão congelado. — Não sei como meu pai conseguiu colocar um filho em seu ventre, mas não me importa. Será cuidada por conta disso. Quem sabe, depois de desmamar, eu lhe arrume outro marido? Ou, quem sabe, viva em minha casa?

— Posso voltar para a casa de meu pai? — perguntou Miriam, detendo as lágrimas diante daquela humilhação.

— Não — respondeu secamente Saurmague, virando as costas e entrando na grande tenda senhorial.

Com a ajuda da velha Layla, uma escrava síria, Miriam juntou os poucos pertences que possuía e recolheu-se em uma tenda pequena e fria, próxima de onde muitas ovelhas costumavam ficar para se abrigarem dos ventos frios.

— Sugiro que passe a usar mais xales sobre o corpo — disse a idosa, com sua voz rouquenha. — Terá de me ajudar em alguns afazeres também. Sua vida de rainha acabou.

Miriam fitou a mulher. Nunca ouvira a voz dela antes. Parecia tão velha quanto seu marido morto e cheirava à urina e velhice. Mediante as palavras da escrava, Miriam achou graça. "Vida de rainha?", pensou ela. Ao ver o lugar sujo e esfarrapado onde estava, com apenas uma tigela para comer, percebeu, finalmente, que tinha uma vida confortável, ainda que cativa.

— Vida de rainha? — indagou Miriam a Layla. — Uma vida presa, isso sim. Agora, na verdade, saí de uma rica prisão para outra, mais pobre e digna de escravos.

— Aprenderá a valorizar essa prisão, Miriam — riu a velha. — Ah, se vai!

Sentindo seu filho chutar o interior de seu ventre com força, Miriam lembrou-se de Bórias, que lutava em terras distantes. "Quando ele regressar, me libertará e me desposará", pensou.

***

A primavera, por fim, chegou fria e molhada. Miriam trabalhava na ordenha das ovelhas, cardava a lã e realizava outras atividades pesadas, tal como as servas. Em seu orgulho ferido, ressentia-se de Saurmague, sem perceber que todas as mulheres do clã faziam o mesmo que ela. Se alguém sabia do andamento da guerra, Miriam não tinha ideia. Ilkarazo, por sua vez, havia cessado as libações em prol dos guerreiros que tinham partido e bajulava abertamente o primogênito de Amazaspo.

Quando o verão finalmente chegou, quente e úmido, o ventre dilatado de Miriam lhe era um verdadeiro sofrimento. Até mesmo a impassível Layla compadecia-se da jovem.

— Essa criança — disse a velha escrava — é enorme! Ou ela a amará muito ou a odiará imensamente, mulher!

Quase sem fôlego, Miriam não conseguiu retrucar à fala de Layla. Os sentimentos da jovem em relação ao filho eram antagônicos. Às vezes, detestava-o; outras vezes, amava o fruto de seu amor com Bórias.

Em um sufocante entardecer de verão, Miriam carregava um balde cheio de leite de ovelha, quando, de repente, sentiu uma forte vertigem seguida por uma sensação que uma cachoeira jorrava por entre suas pernas. A jovem, então, soube que chegara a hora de sua criança nascer. Com fortes dores, a jovem mulher, acompanhada de perto por Valda e Uzith, caminhou até a modesta tenda onde habitava com Layla. A anciã estava servindo na tenda senhorial.

— Valha-me, ó deusa da lua! — gritou Miriam, desesperada. — Não permita que eu morra!

Valda e Uzith sabiam que a situação era delicada. As vibrações enfermiças de Neeraj e da própria Miriam tinham sido controladas por influxos emanados delas mesmas, contudo, as convulsões provocadas pelo reencarnante aumentavam o desequilíbrio da futura mãe. Sob o comando da líder, Uzith foi até Layla e, por intuição, fez a velha escrava lembrar-se de que Miriam daria à luz a qualquer momento. Pedindo permissão à esposa do chefe, a síria partiu o mais rápido que podia para sua casa.

Layla encontrou sua companheira deitada sobre as desgastadas mantas que mantinham e apiedou-se dela. Com alguma razão, a escrava pensou que Miriam não sobreviveria ao parto, então, Valda e Vitélio, espírito provindo da cidadela de Lanim, aproximaram-se de Layla e recordaram-na de que ela já fizera inúmeros partos difíceis e que poucas mães haviam perecido em suas experientes mãos.

Enquanto Neeraj retornava ao mundo sob a tutela de Layla e dos bons espíritos, Mitridarites e seus auxiliares afastavam Melk e seu bando para que não interferissem no parto. Depois de muitas horas, Artabano, como passou a se chamar aquele espírito, regressou ao mundo dos reencarnados e, com a violência que lhe era característica, sugou o seio de sua mãe, antiga adversária. Com o filho nos braços magros, Miriam não sentiu muito amor por ele, mas também não o odiou.

— Vejam, meus irmãos — disse Valda aos companheiros —, que o amor pode nascer de várias maneiras. A mais difícil se dá pelos laços do sangue. Dois inimigos se reencontraram, e, graças a Deus, o ódio entre eles está abrandado.

— Mas não superado — observou Uzith.

— Ainda não — concordou Vitélio, despedindo-se das companheiras com uma reverência.

A entidade de aspecto romano juntara-se a elas naquela atividade, mas agora regressava à sua própria missão, não distante dali.

Capítulo 17

Após Saurmague reconhecer o filho de Miriam como o último rebento de Amazaspo, o chefe presenteou a madrasta com um novo — e simples — manto e um broche para ser colocado nos trajes do irmão caçula.

— Se não cuidar dele direito — rosnou Saurmague aos ouvidos de Miriam —, a matarei depois de colocá-lo nos braços de outra mulher.

Depois desse episódio, Miriam não saiu de sua tenda por muitas semanas. Limitava-se a cuidar do pequeno rebanho de ovelhas sob sua supervisão sendo acompanhada pelos olhos de Artax, um dos primos do líder. Mais de uma vez, esse homem de longa barba comentou com Miriam que a tomaria assim que ela pudesse deitar-se com ele. A jovem sabia que era questão de tempo até Artax tomá-la à força, nem que para isso tivesse de jogar seu filho no chão, mesmo que este fosse irmão de Saurmague.

— Artax terá o que quer, Miriam — disse Layla à noite. — Talvez seja melhor assim. Ele pode cuidar de você. A esposa dele a agradecerá imensamente por isso.

— Não... — sibilou Miriam sombria. — Não terá.

Naquela noite, abraçada a Artabano, Miriam entregou-se pela primeira vez em muito tempo a pensamentos sombrios. Suportara as humilhações de Saurmague, mas não deixaria impune a ameaça de Artax. Mediante aquelas vibrações tóxicas, Melk entrou triunfante pela tenda de Miriam depois de muito tempo. A risada da entidade fez mãe e filho encolherem-se, enlaçando ainda mais a pobre mulher naqueles pensamentos trevosos.

— Quanto tempo, criança! — disse Melk fitando Miriam. — Desta vez, meu plano dará certo. Perdi Amazaspo, mas não perderei seus filhos!

Uzith e Mitridarites, que chegaram ao local quase juntos com Melk, apenas observavam a cena. Fora o livre-arbítrio de Miriam o que atraíra e permitira a aproximação do obsessor. Enquanto o espírito guardião permanecia próximo de Melk, que sabia da presença dele, Uzith partia para se encontrar com Valda, que, àquela altura, já estava reunida com Lanim no Castelo da Luz.

Quando Lanim e Valda souberam dos planos sinistros que tinham se instalado no coração de Miriam, decidiram ir até a moradia da jovem. Ao chegarem lá, Melk, contudo, já havia partido. Mitridarites, então, comentou o que testemunhara. Em seu desdobramento, Miriam recusara-se a falar com os benfeitores, pois estava hipnotizada com os próprios pensamentos. O que Melk fizera, conforme o relato do dedicado Mitridarites, foi sugerir o tipo de crime.

— Você pode abreviar sua vida na Terra, Miriam — disse Melk à mulher, com poderoso influxo magnético.

— Deixe disso! Abra seu coração para o bem! Nós protegeremos você de Artax. Fizemos isso até agora! — Lanim aconselhou.

Miriam voltou sua face para o ser que acreditava ser um deus e notou que ao lado dele estava a deusa que fora em seu socorro quando seu filho nascera. A mulher podia sentir a majestade deles.

— Eles me ajudaram antes — balbuciou a filha de Radamisto —, mas permitiram todo o meu sofrimento. Não aceitarei que joguem os dados novamente! Tomarei meu destino nas minhas mãos!

— Seu destino, filha, sempre esteve em suas mãos — insistiu Lanim. — Se você sofreu foi porque procurou o caminho da dor.

— Vão embora, deuses da luz! — disse Miriam. — Escolhi ficar com as sombras.

Ao ouvir aquilo, Lanim voltou-se para os companheiros e partiu para seu posto de socorro. Outros espíritos que necessitavam dele o chamavam.

Valda e os outros ficaram onde estavam e, embora Miriam tivesse dado as costas para os benfeitores, esses não fariam o mesmo. Em silêncio, os heroicos trabalhadores da luz observaram Melk, que se regozijava.

Capítulo 18

Os dias que sucederam ao apelo de Lanim a Miriam vieram sombrios. Saurmague demonstrara ser um líder capaz e não tardou para os outros chefes de clãs reconhecerem suas fronteiras. As notícias da guerra contra a Armênia eram raras, pois, tal como seu pai, o líder evitava ir à capital. As notícias que os homens da capital traziam eram de que a guerra seguia a vontade do rei e de que os territórios inimigos estavam sendo devastados.

Desde que o implacável espírito sombrio se aliou a Miriam, o lascivo Artax passou a ser bombardeado com vibrações ainda mais perniciosas, levando-o ainda mais para a embriaguez e a faltar aos compromissos da família. Por duas vezes, Saurmague chamou a atenção de seu parente, que, exasperado, agredia a esposa e os filhos.

Ainda naquela semana, Artax surgiu na tenda de Miriam procurando-a. Inspirada por Melk, ela saiu antes do alvorecer com Layla e seu pequeno filho. Enquanto as duas mulheres trabalhavam em suas funções, os garotos que pastoreavam os rebanhos do clã avistaram um grupo de estranhos homens armados com lanças e espadas. Saurmague convocou os homens a tomarem suas lanças e seus bastões, enquanto as mulheres corriam para esconder os poucos pertences que possuíam e os garotos levavam os rebanhos para longe.

Diante das tendas da família de Saurmague, o grupo de homens estranhos parou. Eram homens visivelmente endurecidos pela guerra, e o líder deles ostentava um elmo que escondia seu rosto barbudo.

— Amazaspo! — gritou o guerreiro. — Venha me ver! Venha ver seu filho!

Portando uma lança aguçada, Saurmague estreitou os olhos. A voz parecia a de seu irmão Bórias, mas os trajes eram diferentes e os homens que o acompanhavam eram todos estrangeiros.

— Fora, saqueadores! — volveu Saurmague, que atara os cabelos grisalhos para trás. — Não conseguirão nada aqui!

O líder dos recém-chegados bateu com o cabo de sua lança no chão. Quando retirou o elmo, a face de Bórias revelou-se. A barba do homem estava selvagem e bastante crescida, e uma cicatriz marcava sua bochecha direita, tomando quase toda a face desse lado.

— Além de velho, está cego, irmão? — rosnou Bórias para espanto de todos os membros de sua família. — Eu voltei vitorioso da guerra!

Seguido por seus companheiros, Bórias caminhou até onde seu irmão estava. A essa altura, os homens do clã já tinham baixado as armas, e as mulheres reuniam-se para ver os recém-chegados. Com Artabano em seus ombros, Miriam chorava abertamente pelo regresso do homem amado.

Mancando e apoiado em um cajado, Ilkarazo passou por Saurmague, o que era contra os costumes daquele povo, e saudou Bórias com um grande abraço e uma leve

102

inclinação de cabeça. Miriam observou astutamente que aquele gesto fora bastante significativo aos olhos do povo.

Triunfante e ignorando totalmente o irmão, Bórias cumprimentou com belas palavras seus parentes e os pais e irmãos daqueles que haviam perecido na guerra. Sem as ordens de Saurmague, Ilkarazo determinou que buscassem vinho e carne para os recém-chegados. O cadeirão de Saurmague foi trazido e posto junto ao fogo e ao lado dele foi colocada uma cadeira forrada com uma bela manta de lã, onde Bórias se sentou.

— Meus irmãos — anunciou Bórias sem que Saurmague tomasse qualquer atitude —, a guerra foi gloriosa! Trago presentes ao meu clã! Os deuses nos abençoaram!

— E onde estão esses presentes? — disparou Saurmague abandonando o silêncio pela primeira vez.

— Em carros de bois que estão chegando com o resto de minha guarda — respondeu o outro. — Uma das rodas quebrou, e eu não quis me atrasar. Queria muito ver um determinado rosto!

Ao ouvir as palavras intrépidas de Bórias, Miriam, que fora correndo com seu filho, suspirou e sentiu que finalmente seu sofrimento acabara. A jovem viu-se subitamente alçada ao comando da tribo como consorte de Bórias, enquanto Artabano puxava delicadamente seus cabelos escuros.

— O rei Farasmanes é um grande guerreiro — prosseguiu Bórias, ficando de pé — e nos conduziu a uma vitória atrás da outra. Os armênios morreram aos borbotões sob nossos pés! — O jovem caminhou até seus companheiros e ergueu sua caneca de vinho. — Ferozes são os sármatas! Destemidos sãos os albaneses! — O filho de Amazaspo virou-se para Saurmague, que continuava encolhido em sua cadeira, e para o povo e disse: — Saí daqui um menino, mas regresso agora no auge! De corpo e alma! Fui abençoado pelos deuses de nossos pais e pelos romanos! Muito mais que objetos que não comemos, tra-go-lhes terras! Grandes extensões de terras férteis para nosso povo!

— O quê?! — exclamou Saurmague saltando do cadeirão. — O que você...

— O próprio rei Farasmanes me concedeu grandes extensões de terra, e o cônsul romano Fúlvio Máximo me concedeu diversas honrarias! Sairemos da miséria!

— Nunca fomos miseráveis, seu tolo! — grasnou Saurmague, trêmulo de ira. — Temos uma vida dura, mas farta!

— Você não sabe o que é fartura, irmão — volveu Bórias. — Quando vi que era você no comando, percebi que estava sob a proteção dos nossos deuses. Amazaspo jamais sairia da terra onde sangrou tantas vezes! Seja sábio, irmão, e me siga!

Todas as atenções estavam concentradas nos irmãos. Quantos dramas eram como aqueles? Dramas que se arrastariam por séculos ou milênios. A vaidade, a inveja, a ganância são chagas terríveis.

— Por juramento — disse calmamente Saurmague —, todos vocês devem me seguir. É isso ou sofrerão punição dos deuses. Bórias é belo e eloquente, mas não é um líder. Nunca será. Eu sou o líder. E eu digo não!

— Eu não fiz juramento a você, Saurmague! — disparou Bórias, furioso. — Você arruinará a todos por inveja de mim!

— Não, irmão! Você não fez nenhum juramento a mim. — Sorriu Saurmague. — Pode ir embora. Não tenho inveja de você, porque o poder é meu!

Bórias fitou o irmão, e a ira deu lugar ao escárnio. Fazendo uma irônica reverência, o guerreiro deixou o irmão para trás, e seus companheiros de semblante sinistro o acompanharam. O povo, incluindo Miriam, observara tudo em silêncio. Estava claro que o assunto não acabara ali.

Capítulo 19

No plano espiritual, a chegada dos guerreiros trouxera a companhia de espíritos de várias ordens. Dentre os vinculados ao sofrimento, um ser de elevada estatura, trajando ricas vestes, parecia liderar aquele infame bando. Um venerável ancião acompanhado por três entidades saudava Valda, Uzith e Mitridarites: eram alguns dos espíritos amigos daqueles homens cruéis.

— Um bando de infelizes — disse Saor, o líder dos benfeitores recém-chegados. — A irmã sabe das possibilidades?

— Sim — retrucou Valda. — Lanim já havia nos informado. O desespero e o ódio estão vencendo.

— Quem é aquele espírito alto? — indagou Mitridarites, que já convocara seus auxiliares. — É o líder?

— Sim — respondeu secamente Saor. — Ele chama a si mesmo de Vingador. É uma entidade vingativa, obviamente. Bórias matou cruelmente a família desse espírito diante dele, após violentar a todos.

— Ele poderá se aliar a Melk — disse Valda. — Será uma união terrível.

— Sim — concordou o sábio Saor. — A maior potência deste mundo é o amor, no entanto, o ódio, seu opositor, é uma força a ser respeitada e valorizada pelos ignorantes.

— Lembrem-se, meus irmãos, de que, por mais que planos sejam feitos para eles crescerem para o Criador, esses mesmos filhos têm o dever de escolher o que farão — asseverou Valda.

A bondosa benfeitora abraçou a doce Uzith, que se compadecia imensamente do sofrimento daqueles a quem protegia. Mitridarites, por sua vez, estava certo de que em breve travaria uma luta contra o mais perigoso dos recém-chegados: a entidade que chamava a si mesma de Vingador.

Capítulo 20

Miriam suava de excitação, afinal, Bórias retornara e desejava levar todos para uma vida melhor em outra terra. A expulsão do rapaz por Saurmague adiara, contudo, seu encontro com ele. A mulher sabia que Bórias e seus companheiros haviam se dirigido para a estrada que levava à capital.

— O que vai fazer? — indagou Layla, deitada em seu canto.

— Irei até Bórias — respondeu secamente Miriam. — Ele me ama.

— Está louca, mulher? — sussurrando, perguntou a idosa.

— Não — respondeu Miriam. — Você é a única amiga que tive na vida. Voltarei para buscá-la.

Ao anoitecer, Miriam saiu pelos campos com Artabano em seus braços. Alimentada, a criança dormia pesadamente. Com habilidade, a mulher desviou-se dos pastores que se espalhavam pelo campo. Prevendo que seu irmão não sairia pacificamente das terras do clã, Saurmague determinara que os jovens, dentre eles seu filho, vigiassem as passagens. O chefe do clã ainda ordenou que Ilkarazo e mais dois homens ficassem presos, amarrados em estacas, pois ficaram ao lado de Bórias. Em seu íntimo, o filho mais velho de Amazaspo temia por sua vida. Jamais fora covarde, mas, ao contemplar a figura do irmão e ouvir suas palavras, um sentimento de temor instalara-se nele.

Miriam ouviu vozes ásperas que não compreendeu. Eram os estrangeiros que seguiam Bórias. Com passos cuidadosos, ela aproximou-se o máximo que pôde e viu Bórias orientando os ferozes guerreiros. Naquele instante, a moça descobriu a trama sinistra, e Artabano, desperto, começou a chorar. Um estrangeiro, então, gritou e apontou uma lança para ela.

— Bórias! — exclamou Miriam, antes que as lâminas dilacerassem seu corpo magro. — Sou eu!

Um rosnado de Bórias fez os soldados baixarem as armas. Ele, então, caminhou silenciosamente até Miriam, e seu rosto era indecifrável. Os olhos duros do homem pousaram na criança.

— É seu — sentenciou Miriam.

— É filho de Amazaspo — disse Bórias, friamente. — Por que veio?

— Para ficarmos juntos — respondeu Miriam tolamente. — Não era esse o nosso plano?

Bórias riu, não alto o suficiente para alertar os homens de seu irmão. Sem entender o que acontecia, Miriam deu um passo à frente com seu filho, e a mão pesada de Bórias empurrou-a para trás.

— Tola como toda mulher — disse ele. — Você ficará aqui com essa criança. Tenho um assunto com Saurmague.

De olhar lascivo, um dos homens falou com seu chefe em sua língua natal. Miriam sabia o que ele queria, porém, Bórias negou. Havia mulheres na cidade para isso.

Miriam recebeu a ordem de ficar ali, junto a algumas coisas. Um rapaz sármata veio da escuridão e conversou baixinho com Bórias. Ela recordou-se de que o homem que amava dissera que os espólios da guerra viriam em carros de bois, no entanto, observou que não faria sentido trazer tantos presentes somente para levá-los de volta para a Armênia. "Se os carros estão carregando algo, são soldados", pensou Miriam.

Bórias fitou o céu noturno. As estrelas estavam parcialmente ofuscadas por nuvens. A expressão do filho de Amazaspo era a de um lobo, assim como a de seus soldados. Silenciosamente, os recém-chegados afastaram-se dali, indo em direção às tendas de Saurmague.

Os gritos não tardaram a acontecer. Brados de guerra e lamentos ecoaram pela noite fria. Zelosos, os benfeitores fizeram o que podiam, enquanto os cegos obsessores se refestelavam com o desespero.

Ao amanhecer, Miriam retornou ao povoado que fora sua prisão desde que ela se casou com Amazaspo. Duas tendas haviam sido queimadas, e a fumaça subia negra e sinistra. Os animais estavam reunidos perto das tendas, e os meninos, assustados, traziam os rostos exaustos e sujos. Um dos homens de Bórias aproximou-se de Miriam, mas a deixou passar. Todo o clã estava reunido diante da grande tenda que fora de Amazaspo e depois de Saurmague.

Bórias estava de pé, fitando as pessoas que o viram nascer. A seus pés jazia o corpo inerte de Saurmague. Durante a confusão, Ilkarazo morrera de alguma forma, e seu cadáver estava no mesmo local onde fora amarrado.

— Saurmague foi morto por sua tolice! — disse Bórias ao povo dominado e assustado. — Quem aqui não deseja terras maiores e férteis?! Riquezas?! Saurmague foi destituído pelo próprio rei! — O jovem segurava um papel com alguns rabiscos, que para aquela gente não significava nada. — Eu sou o chefe!

Naquele mesmo dia, após mandar enterrar seu irmão, morto por sua espada, Bórias casou alguns dos seus homens com as jovens da tribo. Sua cunhada e seus sobrinhos foram encerrados em uma tenda menor. Em breve, ela teria de casar-se com um dos seus homens, assim como a filha mais velha de Saurmague, de doze anos de idade. Os dois filhos mais velhos de primogênito de Amazaspo seriam enviados para o palácio do rei, onde lhe serviriam.

Enquanto as jovens, agarradas por seus novos maridos, choravam, Miriam caminhou calmamente até Bórias, que, sentado em seu recém-conquistado cadeirão, observava a tudo. O novo chefe ergueu-se diante da mulher e cumprimentou-a.

— Você me inspirou — disse ele. — Se eu tivesse me casado com você, nada disso teria ocorrido.

— Você me tomará? — questionou Miriam.

— Não.

Capítulo 21

Bórias rejeitara Miriam, mas não a abandonou. A mulher passou a ocupar a confortável tenda de Ilkarazo, cuja família fora enxotada dali.

Nos dias que se seguiram, os chefes dos clãs reconheceram Bórias como líder. Todos eles haviam recebido ordens reais para assim procederem. Radamisto, bem envelhecido, e Bacúrio foram os primeiros a se apresentarem. Amigos, Bórias e Bacúrio festejaram grandemente o reencontro. Como uma viúva digna, Miriam cumprimentou o pai e o irmão e retirou-se para sua tenda.

Miriam esperava por Bórias. No dia seguinte à partida de Radamisto e Bacúrio, o chefe da tribo mandou chamá-la, e ela caminhou rapidamente para a grande tenda onde habitara com o antigo senhor. Miriam deixou Artabano com Layla e, quase correndo, adentrou o recinto do chefe. Encontrou Bórias em seu cadeirão com trajes despojados e segurando uma caneca de vinho em sua mão direita.

— Está bonito — disse Miriam, apaixonada, apesar de tudo.

— Artabano é meu? — perguntou Bórias, ignorando o elogio.

— Sem dúvida — Miriam respondeu prontamente.

— Que isso fique entre nós — volveu o homem. — Tenho pouco amor do meu povo. Se descobrirem que traí meu pai, isso não me ajudará em nada.

— Artabano é forte como você — atalhou Miriam, tentando aproximar-se do amado. — Nossos sonhos se realizaram! Ilkarazo estava certo.

— Sim, meu sonho se realizou, mas não posso me casar com você. — Bórias alisou sua barba selvática. — Há uma mulher que me espera na Armênia e está grávida. Terei um filho com ela.

Miriam estremeceu. Parecia que fora engolfada por uma onda gélida. Impassível, Bórias estendeu a ela sua caneca, e, como um relâmpago, as mãos magras da mulher lançaram o objeto longe. Humilhada, Miriam sustentou o olhar altivo do homem que amara.

— Quando eu desejar, a procurarei — disparou Bórias. — Terá uma vida boa.

— Continuarei sendo uma escrava, então?! — questionou Miriam, enquanto lágrimas rolavam por seu rosto. — Não nasci para isso! Eu quero reinar!

— Mulheres não reinam! — Riu Bórias. — Mulheres servem! E você será minha concubina. Será isso ou morte!

As fortes mãos de Bórias pousaram sobre os ombros de Miriam. Sem chance de reagir, ela foi levada para o mesmo leito que dividira com Amazaspo e com o próprio Bórias.

Capítulo 22

Bórias cumprira sua palavra. Após uma dura jornada, o clã que fora chefiado por Amazaspo e Saurmague chegou a um amplo território no reino da Armênia. O povo, ressentido com o fratricídio e os casamentos forçados, nada pôde fazer contra aquele que era homem de confiança do rei Farasmanes.

Miriam notara que Zabel, a mulher que aguardava Bórias, era de uma das grandes famílias da Armênia, mas não passava de uma menina assustada. A mulher amarga percebeu como era grande a semelhança entre ela e a esposa do homem que deixara de amar, porém, pouco se importou com isso. E, quando o filho de Bórias e Zabel desencarnou antes de completar um mês de nascido, Miriam regozijou-se em sua tenda.

No plano espiritual as atividades não cessavam. O espírito de Saurmague fora resgatado por Mitridarites e Uzith e por auxiliares que sustentavam anonimamente os dois imediatos de Valda, enquanto a benfeitora responsável por aquele agrupamento tentava libertar Ilkarazo do jugo de Melk. Tamanho era o vínculo magnético entre o sacerdote e o obsessor que nem mesmo Lanim, que chegara com uma grande hoste de espíritos bondosos, conseguira apartar os dois sofredores. Crendo-se vitorioso, Melk afastou-se dali carregando o aturdido Ilkarazo.

O espírito que se autodenominava Vingador fez tudo que podia para eliminar Bórias de sua existência terrena, mas tudo fora em vão. O atormentado armênio testemunhou metade de seus seguidores se render à falange de Lanim e fugiu para longe jurando vingança contra seu algoz.

Junto com o clã reencarnado, Valda e seus companheiros seguiram para a Armênia, cuja psicosfera era igual à que havia no reino da Ibéria.

***

Os anos alongaram-se, e Artabano crescia forte e beligerante. O garoto acreditava ser filho de Amazaspo, embora fosse nítida a semelhança entre ele e Bórias. Ninguém, contudo, parecia perceber esse fato.

Sozinha em sua tenda, pois Layla morrera durante a longa viagem, Miriam testemunhava os dias. Depois de algum tempo, Bórias deixara de procurá-la e tornara-se pai de três belas crianças, todas com Zabel. Amargurada, a filha de Radamisto possuía uma única alegria: seu filho.

Miriam não tinha paciência nem demonstrava doçura com Artabano, que, por sua vez, possuía um forte sentimento de posse em relação à mãe. Como se julgava abandonada por todos, embora não estivesse na miséria, Miriam dedicava seu tempo a acompanhar a felicidade de seu filho.

Quando Artabano completou dez anos, Bórias mandou chamá-lo. O chefe do clã tornara-se um importante oficial a serviço do rei Farasmanes. Ansiosa, Miriam arrumou minuciosamente o filho.

— Por que Bórias quer me ver? — perguntou Artabano com enfado. — Ele me conhece desde que nasci. Passei por ele ontem, quando retornei do trabalho com as ovelhas.

— Acredito que sua vida mudará para melhor, meu filho — disse Miriam, com ar misterioso. — Fique calmo e sério diante de Bórias.

Solene, Artabano caminhou pelas ruas que existiam entre as casas de madeira e pedras, trajando sua melhor roupa. Altiva, Miriam caminhava ao lado do filho, mas sua amargura não a deixara. Mediante a convocação do homem que amara, uma máscara fria e inexpugnável era tudo o que a filha de Radamisto ofertava ao povo da cidade.

Bórias despachava no grande salão que erguera como lar. Era muito maior que a tenda de Amazaspo, e uma fogueira mantinha o lugar aquecido. Dois grandes cães estavam deitados ao lado do cadeirão do líder, e três estrangeiros o acompanhavam. Miriam e o filho pararam à porta, e um rapaz, que fazia as vezes de sentinela, fitou o semblante da mulher e do garoto. Com um resmungo de Bórias, o jovem permitiu a passagem dos recém-chegados, que curvaram suas cabeças respeitosamente ao estilo romano, enquanto paravam diante do chefe. Os homens estranhos, sendo um deles um velho romano, deram um passo para trás.

— Está se tornando um homem, Artabano — disse Bórias, depois de contemplar seriamente seu filho não reconhecido. — É hora de aprender as coisas que realmente importam.

O rosto do menino iluminou-se, enquanto uma estranha sensação sobreveio a Miriam. Ela, contudo, não podia falar nada.

— Você será iniciado no trato das armas e no comércio, meu pequeno irmão — prosseguiu Bórias, impassível. — Um dia, será um dos chefes e precisa aprender muita coisa. Por essa razão, ficará um tempo comigo e depois irá para a corte do rei.

Miriam sentiu o chão desaparecer sob seus pequenos pés. Os filhos homens de Saurmague haviam perecido na corte de Farasmanes e as filhas se casaram com homens menores do exército do rei.

— Você quer se livrar de nosso filho para que ele não se torne ameaça a seus outros filhos! — disparou Miriam, surpreendendo a todos.

Franzindo o cenho, Bórias levantou-se do cadeirão. Ele tornara-se um homem corpulento e dado a inúmeros vícios, que eram acompanhados de perto por Vingador — certo de que seu odiado inimigo reencarnado cairia um dia — e por tantos outros espíritos.

— Como ousa, criatura infeliz?! — exclamou Bórias. — Desde sempre, tenho a protegido e cuidado dessa criança! Agora ousa morder minha mão? Ingrata!

— Ingrata?! — repetiu a mulher, de punhos cerrados. — Você...

Um forte tapa fez Miriam desabar no chão frio, fazendo os cães rosnarem ameaçadoramente para ela. Com lágrimas nos olhos, Artabano saltou para junto da mãe. O garoto tinha um sentimento de posse exacerbado em relação a ela.

Bórias alisou sua barba escura, e um olhar assassino estampou-se em seu rosto.

— Quero que Artabano se torne um grande homem como eu — disse o líder. — Um dia, ele há de servir meu filho Amazaspo. Esse é meu desejo. Agora saia, mulher ingrata. Pensarei se você merece um novo marido. Ainda pode ter outros filhos. Talvez essa tenha sido a minha falha: a de não ter lhe provido mais prole. Saia!

O rapaz que fazia o papel de porteiro ajudou Miriam a se levantar e a escoltou para fora do salão de Bórias. Artabano, com as pesadas mãos de seu pai sobre seus ombros finos, observou silenciosamente a mãe ir embora.

Capítulo 23

Furiosa, Miriam caminhou pelas ruas do vilarejo fundado por Bórias, ignorando os olhares das pessoas, que a tinham como estranha. Aquela gente, misturada à força por ordem do rei, daria origem a uma nova etnia em dias futuros, o que moldaria o mapa geopolítico daquela região. A infeliz Miriam de nada disso sabia, tampouco de seus passos tortuosos em direção à verdadeira felicidade. Ela, logo ela, que nunca tivera profundo amor pelo ser que gerara em seu ventre, agora sentia um imenso vazio que se chamava saudade.

— Em termos gerais — disse Valda a um grupo de aprendizes que havia acompanhado toda a cena no salão de Bórias —, a reencarnação favorece, e muito, a perda de ódio entre os seres. O inimigo implacável de ontem pode ser o filho de hoje, e o amanhã encontrará dois irmãos que se compreendem e se ajudam. Após tantos anos de rixa com Artabano, que foi Neeraj, seu algoz em determinado ponto de sua existência, Miriam começou a amá-lo. Graças ao ciclo de renascimento, isso aconteceu. Os dois traziam a sensação de ódio, mas os anos serviram para enterrar essa perdição.

— Esse ódio poderá ressurgir em alguma situação? — indagou Mitridarites, dando voz aos pensamentos dos aprendizes menos informados que ele.

— Sim, pode — respondeu a benfeitora secamente. — E não é raro isso acontecer. É onde entramos com nosso trabalho de dispor o máximo de condições para que nossos tutelados possam usar melhor o livre-arbítrio.

— Quando o emissário chegará a essas terras? — indagou um espírito de aparência idosa chamado Nívea.

— Segundo Lanim, em breve. — Sorriu Valda, cheia de esperança. — O portador dos ensinamentos do Mestre dos Mestres chegará em breve! Antes até do que imaginam!

— Mas os pensamentos de Miriam estão ficando cada vez mais perigosos — asseverou Uzith. — Temos de fazer alguma coisa agora!

— Aguardemos — sentenciou Valda, enigmática e entrando em oração.

Nada daquilo reverberou nos ouvidos de Miriam, que, envelhecida precocemente pela vida dura, caminhou até longe das casas escuras. A mulher cruzou as árvores altas e ignorou o barulho que a natureza fazia. Sentia raiva e uma grande vontade de morrer. Sonhara com a riqueza, trazida consigo pelos séculos, e com o poder temporal, que se esvaíra por entre seus dedos. Sonhara com seu filho sempre a seu lado, e ele fora levado. Os passos vacilantes da pobre mulher levaram-na ao alto de uma pedreira que ladeava uma cachoeira, e o vapor d'água tocou as faces magras de Miriam, que considerou jogar-se dali de onde estava.

— Olá, senhora! — disse uma voz vigorosa na língua dos romanos.

Surpresa, Miriam virou-se para trás e viu um homem baixo, de longa barba grisalha e olhar penetrante. Um longo cajado jazia em sua mão direita, e um grande saco fora depositado ao seu lado no chão.

— Meu nome é Simão — disse o homem com um largo sorriso, agora na língua materna de Miriam. — Me desculpe pelas palavras mal faladas.

O influxo magnético daquele estrangeiro enigmático desfez as ideias sinistras de Miriam. Ainda vacilante, a mulher desceu de onde estava e fitou o estranho que permanecera imóvel.

— Meu nome é Simão — repetiu o homem, com sotaque carregado, mas compreensível. — Venho de Antioquia. Procuro uma cidade ou vila onde possa arranjar trabalho.

— Há uma vila mais adiante — respondeu lentamente a mulher, que não sentia qualquer perigo por parte do estrangeiro. — Se souber trabalhar com madeira, é possível que encontre algum trabalho.

Simão pareceu satisfeito, pegou sua grande bolsa, onde guardava seus poucos pertences, e esperou que Miriam se aproximasse dele. "Embora vista roupas pobres, porém quentes, esse homem tem um semblante nobre", pensou Miriam.

A uma distância decorosa, Miriam, estimulada por Simão, contou sobre Bórias e como a crescente povoação funcionava. A mulher sentia-se estranhamente atraída pelo homem que revelara ter nascido na Grécia, em Corinto, e que vinha sozinho da grandiosa Antioquia.

— Viajou por longas distâncias, senhor Simão — comentou a mulher, sem olhar diretamente para ele. — Onde estão seus companheiros? Não teme as estradas perigosas?

— Meus companheiros se despediram de mim há dois dias — respondeu com franqueza o outro. — Sentíamos que nossa missão nos levaria a caminhos diferentes. — Os olhos do estrangeiro buscaram o céu. — Nunca estou só, cara senhora. Temo as estradas, sim, mas não da forma como imagina. Meu temor é perder a batalha contra mim mesmo.

Diante das palavras enigmáticas do grego, Miriam silenciou e não tardou a ouvir o ruído de crianças e animais. Havia retornado ao povoado de Bórias.

Capítulo 24

Guiado por Miriam, Simão foi admitido por Bórias em sua cidade. Havia algo de diferente no grego que muito impressionara o chefe orgulhoso. Além disso, interessava ao governante as habilidades de entalhe de Simão, que, tão logo recebeu a permissão para ficar, ergueu uma modesta tenda não muito longe da morada de Miriam.

Nos dias que se seguiram à chegada do estranho grego, Miriam não se reencontrou com ele. Em seu leito, a mulher relembrava as palavras do estrangeiro ainda no penhasco no qual pensara em se jogar. Não desejava ir ao encontro de Simão, pois se sentia envergonhada de ter o conhecido prestes a suicidar-se.

No plano espiritual, Mitridarites e Uzith contemplavam esperançosos a pupila. Sabiam que os sentimentos conflituosos de Miriam eram fruto de séculos de más escolhas, que se somavam às escolhas ruins da atual existência terrena.

— Vá ver o grego Simão — sussurrou Uzith, conforme aprendera com Valda. — E aprenderá mais sobre a Boa-Nova!

Como num impulso, Miriam ergueu-se sentindo todo o influxo magnético dos benfeitores espirituais. A vergonha dissipara-se. Saindo pelas ruas enlameadas e estreitas, a mulher foi procurar o enigmático Simão e encontrou-o próximo a um poço e cercado por idosos e crianças. Seu semblante era risonho e suas mãos hábeis haviam entalhado um belo peixe de madeira, que parecia saltar em pleno ar.

— E foi assim, meus irmãos — disse o grego —, que, por ordem de sua mãe, o Mestre dos mestres iniciou em uma festa de casamento, ao transformar água em vinho, sua jornada de salvação dos filhos de Deus. — E, mediante a expressão estupefata das mulheres e das crianças, o homem continuou: — Jesus ensina que a alegria é fundamental aos homens, mas a moderação dos gestos e dos pensamentos deve ser soberana. Embora o Mestre tenha realizado tal prodígio, jamais se embriagou ou desrespeitou quem quer que fosse.

— Pelo menos, Jesus não passou fome! — Riu uma mulher, escrava de um dos comandantes de Bórias.

O semblante de Simão não se alterou mediante o deboche de Liane. O carpinteiro aproximou-se respeitosamente da mulher, que era jovem e bela, e depositou o peixe de madeira em suas mãos endurecidas pela servidão.

— Jesus veio para saciar nossa sede espiritual — respondeu o grego. — Nós somos sedentos de perdão, de cura da alma! A única embriaguez que nos serve é a do amor dEle! O Mestre Jesus padeceu da fome do corpo, sim, minha cara irmã, mas ele perseverou, venceu os tormentos e as mortificações da carne e nos ensina a perdoar aqueles que nos ferem e nos deixam à míngua. Nós nascemos nesta terra para aprendermos a crescer no Verdadeiro Reino! Somos seres espirituais! Por tolice, permanecemos na ignorância da carne!

Liane sentiu lágrimas surgirem em seus olhos. Era um joguete nas mãos dos poderosos como Miriam fora um dia. A filha de Radamisto ouviu atentamente as impactantes palavras do sábio grego e depois tudo mergulhou em silêncio. Nem mesmo as crianças chilreavam, permanecendo solenes após o discurso fulminante de Simão.

No plano espiritual, dezenas de espíritos guardavam silêncio meditativo, e até mesmo Melk, o cruel obsessor, ouvira as palavras do sábio e espantara-se com a aura que tomara o carpinteiro durante suas palavras simples e profundas.

Melk passara os últimos anos atormentando Ilkarazo, até que perdeu sua vítima para Lanim. Desde então, passou a dedicar-se unicamente a Bórias, deixando Miriam parcialmente livre de seu jugo.

Ao lado de Melk, Vingador jazia soturno. Enquanto seu companheiro se espantava com a sabedoria e a vibração de Simão, o enlouquecido adversário de Bórias via nas palavras do humilde estrangeiro uma oportunidade de abalar o reinado do filho de Amazaspo.

Capítulo 25

Enquanto reencarnados e desencarnados se reuniam em volta de Simão, dois homens portando longas lanças se aproximaram e empurraram o carpinteiro, que caiu no chão. Eram Durza e Faramisto, irmãos de Ártoces, senhor de Liane.

— Essa escrava pertence a Ártoces — rosnou Faramisto. — Você não pode tocá-la, grego imundo!

Erguendo submissamente as mãos e sem confrontar os soldados, Simão não esboçou qualquer reação. Graças à intervenção dos benfeitores, os irmãos não continuaram suas agressões e levaram dali Liane, que vertia lágrimas silenciosas.

— Fez bem em não revidar, Simão — disse Miriam, assim que se viu sozinha com Simão. — Eles teriam enfiado as lanças em sua barriga sem piscar.

— Pois sim — atalhou o homem, sem parecer desanimado. — Espero que eles tenham ouvido alguma das palavras que foram proferidas. Se assim aconteceu, queira Deus que as sementes possam germinar o quanto antes!

Miriam arqueou as profundas sobrancelhas, pois não entendera as palavras do grego. No entanto, algo lhe dizia

que havia muita sabedoria naquele homem tão desgastado pela vida quanto ela própria.

— Gostaria de aprender essa sabedoria, Simão — pediu Miriam, com decoro. — Ou ela é proibida a mulheres?

— Meu Mestre Jesus ensinou a diversas mulheres, incluindo pobres pecadoras — respondeu Simão. — A Boa-
-Nova é para todos os filhos de Deus: para os bons e para
os maus. — Um sorriso matreiro surgiu na face barbuda
do grego. — Jesus veio, sobretudo, para educar os maus.

Miriam sorriu, pois a presença de Simão a acalentava. O sofrimento de ter sido afastada de Artabano diminu-
íra sensivelmente.

— O senhor é um porta-voz dos deuses — disse ela,
com profundo respeito. — Um nobre oráculo.

Simão curvou-se em agradecimento. Não repudiaria
aquele elogio sincero, embora sua convicção religiosa tomasse outro rumo drástico. Pegando no chão o peixe de
madeira que Liane deixara cair, Simão limpou-o e mostrou-
-o a Miriam.

— Peço, gentil senhora, que não me tome por sábio
— disse Simão. — Sou um velho caído, que luta para se
erguer aos olhos de Deus. Errei muito neste mundo seco
e endurecido e, se não fosse por um dos Discípulos do
Mestre Galileu, teria me transformado em um ser realmente ruim...

Com os olhos turvos de lágrimas que não caíram,
Simão entregou para a mulher a pequena escultura de
madeira e fitou o céu crepuscular. Miriam percebeu que
o próprio Simão, sempre tão animado e confiante, tinha
seus sofrimentos profundos. Ela soube, no entanto, que
o grego se esforçava imensamente para vencer suas grandes dores e o fazia acalentando o sofrimento alheio. Com
essa ideia, Miriam percebeu a grandeza dos ensinamentos
que Simão carregava.

— Me ensine o que sabe sobre essa Boa-Nova — disparou Miriam com um novo e poderoso fôlego.

— Eu sei tão pouco! — volveu Simão.

— Me parece que esse pouco conhecimento que possui é capaz de cobrir todas essas terras e além! — insistiu a mulher.

— Por Deus, mulher! — exclamou Simão. — Eis, então, a resposta de minha dúvida! Foi para encontrá-la que vim até esta terra estranha!

Os bons espíritos abençoavam aquela conversa. Valda, que se reunira com Uzith e a Mitridarites, sorria. Aparentemente, Miriam estava começando a despertar sua consciência de quem deveria ser. As entidades benfazejas sabiam, porém, que não seria nada fácil, tendo em vista que séculos e séculos de viciações pesavam fortemente sobre Miriam.

Capítulo 26

Não tardou para que todos no povoado começassem a comentar sobre Simão e Miriam. Ao tomar conhecimento das fofocas, Bórias sentiu uma pontada de ciúme, e coube a Valda dissipar as nódoas mentais da mente do feroz guerreiro. Ainda assim, Bórias mandou chamar sua antiga amante e o grego.

Em seu cadeirão — o mesmo que fora de seu irmão Saurmague e de seu pai, Amazaspo —, Bórias observou friamente a mulher que tomara no leito de seu pai, quando este ainda estava vivo. Achou-a mirrada e envelhecida. Sabia que sua antiga noiva roubada deveria ter cerca de 26 anos. Jamais a achara bela, ainda que fosse agradável aos seus olhos jovens de outrora, que não conheciam as beldades dos palácios que chegou a frequentar. Por um instante, Bórias achou inacreditável o fato de ter desejado a desgastada mulher que estava diante de si e que gerara seu promissor filho Artabano.

Ao lado de Miriam, Simão fitava respeitosamente o local, sem imaginar o perigo que corria.

— Da última vez em que esteve aqui, Miriam, falamos sobre duas coisas: Artabano e um marido para você

— disse Bórias com sua habitual caneca de vinho nas mãos. — Ao que parece, já se esqueceu de seu filho e já providenciou um marido. E bem rápido, suponho!

Com um súbito estremecimento de raiva, Miriam fitou seu antigo amante. Uma nova e cruel humilhação caía sobre ela.

— Como ousa dizer que esqueci meu amado filho?! — exclamou Miriam, de punhos cerrados.

Em silêncio, Bórias sorriu, bebeu todo o vinho da caneca e olhou o grande cão negro que estava deitado ao seu lado. Erguendo sua mão direita, fez Miriam calar-se.

— Basta, mulher! — disparou o governante daquele povo. — Seu filho está melhor sob meus cuidados. Um homem deve ficar entre os homens, e não com mulheres. Ainda mais entre viúvas! Cuidei de você por muito tempo, Miriam! Cumpri com minhas obrigações como filho de Amazaspo e agora lhe entrego a esse grego! — Bórias ficou de pé e sorriu. — Meu bom carpinteiro, Miriam não é jovem, mas talvez seja capaz de lhe dar pelo menos um filho. Sou um homem generoso e acho que, neste caso, podemos abrir mão da tradição. Eu o liberarei do dote. E mais: lhe darei algumas mantas e um bom machado!

Atônitos, Miriam e Simão entreolharam-se. Um forte e revigorante sentimento havia surgido entre eles. Um amor maduro e marcado pelos ensinamentos do homem que se chamava Jesus.

Novamente, nas estreitas ruas, Miriam e Simão olharam-se. Sentiam o desejo de rir, mas as palavras cruéis de Bórias ainda reverberaram no íntimo da mulher, e o carpinteiro sabia disso. Tomando delicadamente as mãos de Miriam, Simão beijou-as. Era o primeiro gesto de carinho que ela experimentava na vida.

Não tardou para que toda a pequena cidade soubesse que a amargurada Miriam havia sido dada ao estranho

Simão, e logo as zombarias vieram. Nenhum efeito, contudo, surtiu no casal, uma vez que a alegria simples do grego ganhava o coração daquela gente e até mesmo a disposição da mulher mudara para melhor.

Os dias seguintes foram venturosos para Miriam. Simão, que trabalhava arduamente durante o dia e, à noite, consolava os desesperados, contara a ela sua história de vida. Ainda muito jovem, ele casou-se com uma bela mulher de uma família influente em Corinto, mas, quando o terceiro filho do casal nasceu, Isadora aparentemente perdeu o gosto pela vida conjugal e passou a escapar furtivamente do lar para encontrar-se com um jovem escravo egípcio.

Simão sofreu em silêncio, pois amava imensamente a mulher. E, tentando recuperar o amor da esposa, o carpinteiro, cada vez mais próspero, fez inúmeras libações aos deuses, mas tudo foi em vão. Por fim, descobrindo a identidade do amante da esposa, matou-o a golpes de punhal. Mediante a tragédia, Isadora lançou pragas ao marido e abandonou o lar, regressando à casa paterna para escândalo geral. O sogro de Simão, homem poderoso, impediu-o de ver os filhos, enviando-os para Roma. Humilhado, o carpinteiro pensou em ingerir veneno, porém, desistiu da ideia imaginando que era isso que Isadora desejava.

Carregado de ódio, Simão vendeu seus bens em Corinto e partiu para Atenas e depois para Pafos, na ilha de Chipre, onde se tornou comerciante de vinhos e azeite. Quando soube que uma peste se instalara em sua cidade natal, Simão partiu para o antigo lar apenas para encontrar Isadora e seus três filhos mortos pela enfermidade. Enlouquecido, desfez-se de seus bens nos vícios e chegou a associar-se com criminosos.

Enquanto caminhava pelas ruas da antiga Antioquia, ele cruzou com um homem judeu chamado Simão Pedro, que acabou acalentando as dores do grego, que aprendeu o que pôde. Quando Pedro e seus companheiros, como André e o nobre Paulo, perceberam que Simão estava pronto para auxiliar na missão da Boa-Nova, eles beijaram as mãos do grego e, desde então, seus passos o levaram a muitos lugares.

Esse foi o homem que se casou com Miriam. Um homem de profundas cicatrizes, que foram balsamizadas pelos ensinamentos de um exótico hebreu chamado Jesus. Simão contou sua vida a Miriam no entardecer em que Bórias ordenou a união entre os dois.

Capítulo 27

Uzith, Valda e Saor estavam no Castelo da Luz, onde Lanim realizava inúmeros trabalhos. Haviam sido convocados, e Mitridarites e muitos outros benfeitores permaneceram junto à crosta terrestre. As duas entidades encontraram o sábio no grande salão onde muitos planos eram elaborados.

Luminoso e irradiando uma luz branca delicada, Lanim estava ladeado por Vyasa e Suri, que tinham vindo do Oriente para participar do conselho que começaria assim que as duas modestas trabalhadoras chegassem. Após cumprimentos simples, Vyasa, majestoso em aparência e essência, proferiu uma sentida prece, fazendo com que gotas de luz banhassem a todos naquele santuário.

— Irmãos — proferiu Lanim, com um pequeno sorriso —, que Deus nos abençoe e guie! Essa reunião de servos tem um único objetivo: o crescimento! Crescimento moral! "Ninguém ficará caído para todo o sempre", asseverou Jesus! Quem, senão ele, conhece a fundo as leis divinas e nossos corações? — O bondoso mentor fitou cada uma das faces ali. — Ilkarazo foi resgatado, mas, tamanho é o sofrimento a que ele se impôs que necessita de uma nova vida corporal o quanto antes. Ele nascerá perto do povoado onde seu comparsa Amazaspo vive agora, nos arredores de Tebas, pois os vínculos que criaram entre si são muito poderosos. Viverão pouco na carne, e Ilkarazo ainda trará deficiências físicas e mentais. Será uma caminhada muito tortuosa, pois ambos enganaram muitos espíritos.

Uma silenciosa prece foi dirigida ao atormentado Ilkarazo, criatura que usara muito mal o dom que séculos mais tarde viria a ser chamado de mediunidade. Assumindo as deformidades físicas, reflexo de seu estado mental, o antigo feiticeiro de Amazaspo teria de suportar e perseverar no propósito de arcar com a responsabilidade do mau uso do livre-arbítrio. Muitos espíritos odiavam Ilkarazo, e a remoção dele da psicosfera da Ibéria era fundamental para que ele tivesse chances de caminhar sem grandes interferências.

Amazaspo, por sua vez, também tinha sua parcela de culpa na queda do companheiro, pois muitas foram as vezes em que induziu Ilkarazo a fazer o mal. Uzith, a mais inexperiente ali, soube de tudo isso e concluiu, acertadamente, que, quando alguém pede a um médium para fazer um mal, o crime perante a Lei Divina é de responsabilidade de ambos.

— Saurmague está indo bem — continuou Lanim, após as preces e rápidas reflexões de todos ali. — O ódio que sente por Bórias é muito forte, mas ele se acalmou um pouco ao reencontrar a família. Em breve, reencarnarão e até lá devem tomar lições sobre o perdão e a fé.

— Lições todos nós tomamos — interveio Suri, para aprendizado dos que menos sabiam —, mas pouco as praticamos. É isso que retarda nossa subida ao Pai.

Os olhos de Vyasa pousaram sobre a venerável Valda, e o bondoso espírito de aparência oriental sorriu. Chegara o momento de falar sobre Miriam, a quem tanto amava.

— Nossa Miriam aprendeu muito com Simão — disse Vyasa —, embora guarde muita mágoa de Bórias, sobretudo, por ele ter levado Artabano para a capital do reino.

— Verdade — anuiu Valda, estimulada a falar. — Simão é um bálsamo, não só para Miriam, mas para todos os pobres e escravizados. No entanto, temo por eles, pois Melk e Vingador destilam ódio contra Bórias e ciúme e inveja contra o humilde carpinteiro.

— Essa crise é uma oportunidade de crescimento — observou Lanim, mentor do velho grego. — Simão tem pesados débitos a resgatar e está maduro para isso. Ele está forte. Miriam ainda não.

— O que sucederá? — balbuciou Uzith, pressentindo que algum perigo cairia sobre o povo de Bórias.

— As guerras são terríveis — anunciou Lanim, enquanto Vyasa acalentava Uzith com um olhar terno —, mas são uma oportunidade duríssima de burilamento espiritual. Que não esteja longe o dia em que as guerras deixarão de existir!

— A guerra engolfará a cidade de Bórias? — indagou Uzith, apiedada dos espíritos daquele lugar.

— A guerra nunca deixou o território conquistado por Bórias em nome de Farasmanes — prosseguiu Lanim. — Nosso mundo é muito renitente no erro. Foi para quebrar esse ciclo infeliz e abrir um novo caminho para a humanidade que o Mestre dos Mestres veio. Séculos e séculos terrenos passarão, antes que qualquer um do povo de Bórias, à exceção de Simão, consiga entender que a verdadeira libertação está no amor sincero e em suas outras denominações.

Dessa forma, Lanim e Vyasa, os maiores dentre os benfeitores, contaram aos presentes as coisas que iriam acontecer mediante as escolhas dos vivos e dos mortos que lutavam na crosta. Cada trabalhador orava em silêncio, enquanto os mestres informavam o que aconteceria nas décadas seguintes.

A grande missão do Cristo avançava pelo mundo, assim disse Vyasa, e as trevas combatiam incessantemente. Era, segundo sabiam, uma oportunidade de evolução. Confiantes, os trabalhadores sediados no Castelo da Luz oraram, e a oração deles juntou-se à dos outros espíritos em outros núcleos, e Jesus, o Mestre dos Mestres, abençoou seus irmãos mais novos.

Capítulo 28

— Bórias está enfrentando dificuldades — disse Simão, sorvendo o caldo que a esposa preparara. — Ele tomará atitudes drásticas!

— Ele merece — disparou Miriam, amarga. — Os sármatas são bárbaros. O senhor Bórias achou que dominaria esses homens. Logo, logo os rebeldes armênios se juntarão aos homens do Norte.

O casal terminou o jantar em silêncio. Havia quatro anos que estavam juntos por determinação de Bórias. Naqueles dias, os insubmissos armênios, conquistados anos antes pelo rei Farasmanes, haviam ganhado força, e os sármatas e albaneses, trazidos como mercenários sob o comando dos iberos, estavam inquietos e desejosos de novas conquistas. Cabia a Bórias controlar o povo, e, nessa tarefa, de forma inimaginada por todos, Simão desempenhava o importante papel de acalmar a massa de pobres e servos com seus ensinamentos. Não tardou para o cruel filho de Amazaspo perceber que a mansidão estimulada pelo carpinteiro grego era interessante para seus negócios. Não importava nem um pouco ao nobre vassalo de Farasmanes que o Reino de Jesus fosse no além-vida, desde que seu povo permanecesse submisso.

A disposição de Miriam melhorara bastante desde que ela conheceu Simão, a quem passara a amar verdadeiramente, e não a incomodava o fato de o marido ser um ancião de quarenta e dois anos. A alegria de Miriam, contudo, jamais era completa, pois a saudade que sentia de Artabano era imensa.

Esse amor maternal fora uma grande conquista para o espírito antigo da filha de Radamisto, uma vez que Artabano fora o implacável Neeraj, antigo algoz. Ela apegara-se ao pequeno reencarnado com todas as suas forças, quando todo o resto desabava à sua volta. Sobre isso, Valda disse a Mitridarites certa vez:

— Muitas vezes — disse a benfeitora ao pupilo —, perde-se tudo na matéria para que se ganhe migalhas de luz espiritual. E essas migalhas jamais se perdem!

Enquanto aquela noite fria de inverno estendia-se sobre a triste cidade de Bórias, os implacáveis Vingador e Melk, líderes de uma grande turba, contemplavam o imponente salão do senhor da cidade. Os dois haviam, finalmente, se reunido em sociedade. Tinham inspirado os revoltosos armênios e os mercenários da Sarmátia. Os primeiros queriam sua terra de volta, e os segundos, a fortuna que acreditavam que Bórias possuísse. Os dois obsessores orquestraram aquela aliança que agiria na noite fatídica.

Cientes do que se desenrolaria graças à assembleia convocada por Lanim e Vyasa, Valda e os demais espíritos protetores estavam a postos. Não desejavam que nada daquilo acontecesse e trabalhavam duramente junto aos corações sensatos e insensatos. Soberano, porém, é o livre-arbítrio, componente da Lei Divina.

Trigranes, um dos líderes armênios, reuniu seus quarenta homens de confiança no oeste da pequena e suja cidade. Assim como ele, todos eram lavradores e pastores de ovelhas que tinham sido derrotados na guerra contra o rei Farasmanes. Muitos deles haviam perdido suas terras e até suas mulheres para as forças conquistadoras e viviam como servos, comendo as migalhas de Bórias.

No lado norte da cidade, Babai, chefe dos sármatas, reunia vinte ferozes guerreiros, armados de lanças e espadas. Aqueles homens cruéis eram soldados formidáveis, que haviam servido a Bórias por ordem do rei. Sentiam-se desprezados por Farasmanes, por receberem parcas terras pedregosas e pouco do butim de guerra. Acreditavam que o comandante Bórias não falara por eles ao rei como deveria.

As fogueiras estavam baixas, e os vigias estavam adormecidos ou comprados pelos rebeldes, quando os insurgentes percorreram as ruas estreitas e fétidas de armas em punho. Os dois jovens guardas foram facilmente rendidos diante do alto portão do fortim que Bacúrio erguera. Tudo ocorria dentro dos planos dos rebeldes até que uma corneta anunciou o alarme. Cães ladraram, e vozes ásperas ecoaram violentamente. O som de armas mesclou-se aos gritos de homens, mulheres e crianças.

Simão saltou de sua cama e correu até a porta de sua humilde casa, pouco melhor que uma tenda de peles. Pela fresta, viu sombras correndo pela escuridão. Miriam, com a única faca que possuía, juntou-se ao marido, que trazia uma expressão sombria. O grego sabia o que estava acontecendo. Sua intuição o advertira mais de uma vez.

— Se Bórias for morto — sussurrou Simão —, os vencedores se voltarão aos que julgam ser inimigos. Se Bórias escapar dessa, irá procurar os culpados entre nós.

— O que faremos? — indagou Miriam desesperada.

— Orar — sentenciou Simão, resoluto.

Capítulo 29

Bórias escapara, mas Zabel, sua esposa, foi morta com a filha nos braços. O fortim foi saqueado e queimado, enquanto o experiente Babai ordenava que o inimigo fosse caçado e morto. O cruel sármata sabia que, se Bórias conseguisse fugir e reunir alguma força, seus planos seriam liquidados. O antigo clã que viera da Ibéria era fiel ao filho de Amazaspo, embora o temesse imensamente. A fúria dos rebeldes se lançaria sobre eles. Muitos guerreiros do clã de Bórias pegaram em armas e saíram para lutar contra os invasores, e o combate espalhou-se por toda a pequena cidade.

Durante os tumultos, com a noite invernal iluminada pelo incêndio do casarão de Bórias, Simão, inspirado pelos benfeitores, tomou a mão de sua esposa e ganhou as ruas turbulentas. O grego estava com um semblante terrível e usava na mão direita um vigoroso cajado, que, por alguma razão, resolvera entalhar e deixar junto à porta de casa. Na outra mão, conduzia Miriam, que, assustada, não conseguia raciocinar sobre o que fazia. O vento frio alimentava as chamas, que cresciam em estatura e alcance.

Os estábulos foram incendiados, e as primeiras casas começavam a arder.

Enquanto fugia para os campos, o casal cruzou com cinco ferozes armênios armados com lanças e pedaços de paus. Simão e Miriam conheciam-nos pelo nome. Dois deles o grego chamava de amigos, porém, insuflados por espíritos malignos, aqueles rebeldes não reconheceram o amigo.

Mitridarites, Nikol e Bonn, espíritos destacados por Valda para auxiliarem na fuga de algumas pessoas, lançaram-se contra os obsessores que vibravam sobre os armênios. Os espíritos sombrios não resistiram ao trio de benfeitores e recuaram, deixando os obsediados livres de seu jugo, ainda que por alguns instantes. Foi o suficiente para que eles ficassem desorientados, dando a chance para que Simão e Miriam, orando por auxílio divino, fugissem noite adentro.

No plano espiritual, Lanim organizava o socorro aos aflitos dos dois planos. Tudo ocorrera como ele previra. Em sua sabedoria, o benfeitor imaginava que o livre-arbítrio seria mal utilizado por aqueles que ainda acreditavam cegamente no poder temporal. Confiou, porém, na Sabedoria Divina e, diligentemente, cumpriu o dever que lhe cabia. A sábia entidade localizou o espírito que abandonara o próprio nome para ser chamado apenas de Vingador e caminhou para junto dele.

— Como se sente, filho? — indagou Lanim a Vingador, bem no meio dos destroços do fortim de Bórias. — Satisfeito?

— Sim, deus da luz — retorquiu o outro, evidentemente confundindo o *status* do benfeitor. — Não o temo! Mostrei minha força hoje! Sou seu igual agora!

— De fato, nós dois somos irmãos — atalhou Lanim. — Somos filhos do Criador do Céu e da Terra. Depois de sua efêmera vitória, o que fará? Eu lhe digo que procurará mais destruição, com o objetivo de encerrar o vazio que traz dentro de si... — Lanim sorriu confiantemente. — E não obterá a verdadeira satisfação. Chega de viver como um gafanhoto do caos!

— Não me diga o que fazer, deus fraco! — gritou Vingador.

— Se eu não lhe disser o que precisa saber, como aprenderá? — questionou o benfeitor, parecendo um gigante diante do infeliz espírito. — Eu lhe digo: chega de sofrimento! Deixe esse mundo para os vivos na carne e cuide apenas de si mesmo! Seu lugar não é aqui!

— Essa é a minha terra! — exclamou Vingador, depois de vacilar pela primeira vez em anos. — Minha carne é feita desse pó! Minha raiz!

— Seu corpo físico apodreceu faz tempo, meu filho — interrompeu Lanim. — Um dia, você há de renascer nesta terra. Eu lhe prometo, mas agora precisa descansar e curar-se. Entenda que está prejudicando apenas a si mesmo com tamanha violência. Acha que pune Bórias? Não! Se assim fosse, teria destruído esse infeliz há muito tempo. O verdadeiro carrasco é a consciência de cada um.

Vingador contemplou os destroços à sua volta, enquanto as vibrações de Lanim o envolviam poderosamente. Ele sentiu-se cansado, e as dores que o perseguiam desde sua queda pesavam imensamente. Ele recordou-se dos filhos correndo pelos campos e chamando-o pelo nome: Gregório.

Afastando-se de Lanim, Vingador retirou-se sozinho para os campos. Àquela altura, muitos espíritos obsessores haviam debandado para longe, enquanto uns poucos se rendiam às forças espirituais de Lanim.

Melk, porém, fugiu assim que percebeu que Valda e seus auxiliares atuavam. O experiente obsessor decidiu deixar seus descartáveis tenentes para enfrentar os espíritos de luz e voltaria mais tarde atraído pela sanha maligna dos rebeldes.

Pairando bem no centro da cidadezinha arrasada, Saor ergueu seus olhos em oração e pediu misericórdia a todos ali. Em sua prece, o benfeitor clamava aos obsessores para que depusessem o ódio e permitissem que o perdão se fizesse presente. Tamanho era o poder magnético da prece da bondosa entidade que muitas pessoas conseguiram fugir para os campos, facilitando, assim, a ação dos guardas espirituais para espantar a malta de obsessores e arrefecer a fúria dos guerreiros, ao menos por enquanto.

Carregando o espírito de um homem assassinado em seu próprio lar durante o tumulto, Valda orou a Deus. A escaramuça acabara, mas não o terror.

Capítulo 30

Miriam e Simão dispararam noite adentro. Os dois não falavam, mas oravam ardentemente com seus corações. Atravessaram os vastos pastos sem olhar para trás, enquanto os gritos das pessoas eram levados pelo vento junto com as fagulhas dos incêndios. Alguns vultos passaram ao largo do casal. Eram fugitivos como Miriam e Simão, igualmente protegidos pelos espíritos guardas de Mitridarites e Bonn.

— Temos que esperar pelo alvorecer — balbuciou Simão à esposa. — Então veremos um pouco do que aconteceu.

— Por que não vamos a uma das fazendas dos meus parentes? — indagou Miriam, trêmula.

Simão observou pacientemente sua adorada esposa. Sabia que a sofrida Miriam não tinha visto os mesmos horrores que ele. O grego sentia seu peito arder e o ar lhe faltava. Passando a mão direita sobre a calva, que começara a surgir no alto de sua cabeça, o carpinteiro esticou os olhos ao redor.

— Seus parentes serão os primeiros alvos, após Bórias, Miriam — respondeu calmamente Simão. — Eles ficaram com as melhores terras e com os rebanhos conquistados. Bórias foi sábio em cercar sua cidadela com fazendas de seus parentes mais fortes, além dos leais albaneses casados com as mulheres de sua tribo. Pensou nisso para garantir proteção contra invasores externos, e, caso acontecesse alguma rebelião interna, eles viriam rapidamente em seu socorro.

Miriam compreendeu. Se Bórias escapasse do ataque, fugiria para alguma das fazendas, que seriam alertadas pelos fogos ferozes que subiam aos céus. De fato, o filho caçula de Amazaspo era engenhoso, embora não tivesse acreditado que seria traído pelos sármatas, que muito tinham recebido dele.

**

O dia, finalmente, chegou sombrio e gélido. Orientado intuitivamente por um espírito a serviço de Valda e Saor, Simão encontrou duas crianças que tinham fugido do ataque à cidadela e uma anciã da tribo de Miriam chamada Virna. Orgulhosa, essa mulher jamais havia sido gentil com Miriam, mas soube receber o manto que a mulher mais jovem lhe emprestara para escapar do frio que fazia.

Escondidos na mata, Simão e seus protegidos viram os ferozes sármatas, hábeis cavaleiros, percorrendo as terras e recolhendo os fugitivos que encontravam. O grego percebeu que aqueles mercenários procuravam por Bórias, o que significava que aquela batalha ainda não terminara.

— Babai não é tolo — disse Simão a Miriam. — Ele e Trigranes precisam atacar as fazendas para vencerem. Se Bórias conseguir reunir seu pessoal, mais bem armado, as forças podem ficar equivalentes, e será ainda mais difícil de prever esse fim.

Naquele resto de dia, o grupo permaneceu escondido. Oravam constantemente. A fome e o frio assaltaram-nos, mas Miriam encontrou algumas raízes e cascas que eram comestíveis e aliviou os estômagos atormentados. Seu marido, apertando o cajado com os dedos, não sabia o que fazer para salvar seus protegidos. Sentia-se velho e fraco, e sua esperança estava por um fio.

— Não desista, Simão — disse Miriam, ao perceber o estado mental do companheiro. — Você me ensinou muita coisa. Entre elas que, nos momentos de medo e terror, devemos firmar nossa fé. Acontecerá o que for necessário para nós.

O grego sorriu, pois viu na desgastada esposa uma mulher forte como aquelas que acompanharam seu amado Mestre Jesus tantos anos atrás na longínqua terra dos judeus. Sentiu as forças voltarem a seus músculos e abraçou a amada afetuosamente.

— Muito obrigado — Simão agradeceu sinceramente.

Capítulo 31

No alvorecer frio e amargo do dia seguinte, os fugitivos liderados por Simão ouviram vozes ásperas. Escondidos entre as árvores, viram um grupo de vinte homens fortemente armados caminhando decididamente para a cidadela de Bórias. Para espanto de todos ali, era o próprio filho caçula de Amazaspo quem comandava aquele pequeno bando.

— Fiquem onde estão — ordenou Simão, com uma estranha potência na voz, coibindo seus protegidos de correrem na direção daqueles guerreiros. — Nada está certo ainda. Bórias é um lutador feroz, contudo, ainda está em desvantagem. Ao entardecer, descobriremos se ainda temos um lar.

Mitridarites influenciou Simão a dizer aquelas palavras. O benfeitor não se afastou dos tutelados desde a fuga e sabia que nada estava decidido ainda. Apesar dos planejamentos reencarnatórios dos envolvidos, as ações impensadas haviam criado uma nova estrada de dor e sofrimento. O auxiliar de Valda vigiava e orava.

De fato, Bórias escapara de seu fortim à custa da morte de sua esposa e filha. Auxiliado por espíritos protetores, conseguiu chegar a uma das fazendas comandadas por um homem de grande confiança, um albanês romanizado chamado Sérgio, que organizara a revanche com outros guerreiros. Agora, a pequena e bem armada força ganhara reforços de outros fugitivos que haviam escapado dos caçadores sármatas que se espalharam pela floresta.

Tendo aprendido com o rei Farasmanes e com os romanos várias estratégias de guerra, Bórias traçou um plano de atacar por três lados. O que Simão e Miriam haviam visto era apenas o grupo principal, que seria a isca para os traidores e rebeldes. O filho de Amazaspo teria sua vingança.

Ao fim daquele dia sinistro, Bórias retornou triunfante à cidade que erguera. Trigranes fora morto durante a batalha, e muitos dos seus pereceram sob os golpes furiosos e bem treinados dos albaneses e dos homens que vieram da Ibéria sob o pulso firme de Bórias. A população que não conseguira escapar ajudou como pôde na luta. Babai, o traidor, ao perceber que seu antigo comandante escapara, bem como muitos homens da pequena cidade, reuniu o povo que restou e fugiu carregando o máximo do saque que obtivera. O mercenário considerava que fizera uma má escolha ao optar trair aquele que lhe dera terras e esposas.

Inspirado por Mitridarites, Simão levou seus protegidos de volta à arrasada cidadela, e quase foram mortos pelos guerreiros que haviam recuperado o território. Foram salvos por um dos parentes do senhor, que reconheceu Miriam e o esposo. Encontraram Bórias sentado em uma pilha de rebeldes mortos e diante do corpo profanado de Trigranes. O filho de Amazaspo contemplou os recém--chegados com frieza. Miriam reparou que o braço do antigo amante recebera um profundo corte e que o nariz de Bórias fora quebrado e toscamente consertado.

— Todos os traidores serão mortos imediatamente — rosnou o senhor, com dificuldade de respirar e coberto de sangue e sujeira. — Babai pode retornar, mas a hora desse verme chegará. Juro pelos deuses dos infernos!

De fronte baixa, Simão aproximou-se do grande guerreiro, indicando que desejava falar. Impaciente, Bórias pensou em estapear o grego, mas influxos poderosos dos benfeitores fizeram o violento senhor aquiescer.

— Senhor — disse Simão —, permita que eu e Miriam cuidemos dos feridos. Há frio e fome. Desta forma, o senhor pode se concentrar melhor na batalha contra Babai e em reconstruir nosso povoado.

Bórias fitou Simão com desprezo e pensou em matar o carpinteiro ali mesmo, contudo, considerou o peso das palavras dele. Intimamente, o senhor respeitava as ideias do estranho homem que se apresentava com o exótico título de cristão. Com esses pensamentos, permitiu que Simão e sua antiga amante tomassem providências em seu nome para cuidar dos feridos.

Atarefados e exaustos, Miriam e Simão organizaram os suprimentos que escaparam do fogo e do saque e distribuíram o que encontraram, sempre orando a Jesus que lhes desse bom ânimo. Miriam executava as orientações do marido, sentindo uma estranha vibração em seu ser: o bálsamo que mais tarde seria chamado de caridade, a principal ferramenta de elevação espiritual.

Capítulo 32

Ao final dos conflitos, os espíritos benfeitores regozijaram-se. Sabiam que haviam feito o possível para inspirar seus tutelados para agirem no bem e muito se empenharam para afastar os espíritos caídos. Mitridarites e Nikol, porém, ficaram carregados de dúvidas e buscaram aconselhamento com Valda e Saor, que conversavam. A dupla de espíritos mais evoluídos sabia que seria procurada para esclarecimentos, afinal, eles próprios, tempos atrás, tinham as mesmas dúvidas.

— Mestres — disse Nikol, extremante respeitoso —, Bórias triunfou. Em sua vilania, foi mais esperto e forte que os dois grandes adversários. — O dedicado espírito sentia-se encabulado. — Eu, no lugar de Trigranes, teria feito a mesma coisa. Teria lutado pela minha terra!

— Meu bom Nikol — sorriu Valda —, quem nunca falhou? Bórias, em seu Livro da Vida, caminha de acordo com suas escolhas. Poderia ter sido um senhor mais brando? Sim, e dessa forma evitaria as desgraças que vimos. Nenhum planejamento reencarnatório é imóvel. Ele sempre se ajusta às escolhas. Após a invasão da Armênia, Bórias poderia ter vivido em relativa paz, ajudando a gestar uma nova nação, onde regressaria nos dias futuros como filho dos sangues misturados das tribos que ora se reúnem aqui — a bondosa benfeitora aguardou os pupilos, que raciocinavam atentamente sobre suas palavras. — Lembrem-se das palavras de Lanim e Vyasa: novas oportunidades virão. O conflito que por ora se encerrou serviu para os espíritos envolvidos, nós e nossos protegidos, amadurecermos. Um processo difícil, mas necessário. É verdade que dívidas espirituais surgiram, no entanto, dívidas também foram pagas pela Lei do Retorno.

— Sem falar — interveio o quase sempre silencioso Saor — que Vingador foi detido por Lanim. Ele está meditando sobre as palavras do Mestre do Castelo da Luz. Tenho fé de que esse nosso irmão cederá em definitivo!

— Porém, meus irmãos — prosseguiu Valda contemplando as nuvens —, os dias de Bórias no mundo foram encurtados. De início, ele teria mais quinze anos na carne, mas pouco tempo lhe resta! E esse fato interfere em outros planejamentos.

Os dois auxiliares entreolharam-se. Sabiam que o ferimento do chefe guerreiro demandava cuidados, mas não tinham imaginado que seria fatal.

— Bórias mandará chamar seu único filho — disse Valda, resoluta. — Ele não tem herdeiros prováveis, e Artabano já é quase um homem. O senhor sabe que as aves carniceiras cercam o leão ferido.

— Sérgio percebeu que Bórias está muito fraco — concordou Mitridarites. — O albanês recusou a proposta de Babai para trair o comandante, porque sabia que essa briga enfraqueceria tanto os homens da Ibéria quanto os da Sarmácia.

— Bórias percebeu isso quando a batalha acabou — disparou Nikol.

— Melk também — comentou Saor em tom amargo.
— Vingador foi afastado por ora, no entanto, o implacável
Melk continua insidioso. Ele não desiste e, por mais que
perca soldados, permanece irredutível! Que força imensa
é o ódio! Porém, saibam, meus irmãos, que o amor é ainda
mais poderoso! Que a barbárie se encerre o quanto antes
neste mundo que se renova com a Lei do Amor trazida
por Jesus!

Capítulo 33

De fato, o ferimento de Bórias era mais sério do que se pensava. O casal de curandeiros esforçava-se ao máximo, mas o profundo corte infeccionara. O filho de Amazaspo, sentindo as forças se esvaírem, ordenou que chamassem um médico grego que morava a dois dias de distância e que seu "irmão" Artabano fosse trazido da corte do rei Farasmanes. Uma longa carta ditada por Bórias e escrita em grego por Simão foi enviada ao rei, informando-o sobre a traição de Babai e a rebelião de Trigranes.

Nesse meio tempo, Simão fez o possível para organizar os sobreviventes. O grego nada pôde fazer, além de orar, diante da morte da família de Trigranes por ordem do cruel Bórias. A fome e a febre castigavam o outrora orgulhoso clã de Amazaspo e as famílias que haviam se unido a ele. Os homens de confiança de Sérgio, cujo pai fora um centurião romano, percorriam a região. Em sua tenda, Bórias tentava reunir forças e buscava aconselhar-se com seus familiares restantes. Atento a tudo, Melk observava, sinistro, os acontecimentos desenrolarem-se.

Felipe, o médico grego, chegou o quanto antes e encontrou o paciente febril e emagrecido. Miriam, por sua vez, contemplava indiferente o antigo amante e, exortada por Simão, fazia as vezes de enfermeira. Sempre em silêncio, porém. Igualmente, Bórias recebia o tratamento da mulher que abandonara e cujo filho ele tomara sem remorso no coração. Havia o sentimento de vingança para com Babai, que já estava longe pilhando fazendas, e com Sérgio, que tramava outra traição.

Assim que chegou, Felipe dispensou os curandeiros que viviam nos campos, pois desprezava suas crenças e técnicas. O velho grego e seu aprendiz observaram a ampla capacidade dos curandeiros rústicos, no entanto, os dois homens perceberam que a infecção era praticamente vencedora. A gangrena tomara o braço de Bórias que, de início, se recusou a amputá-lo. Depois, contudo, longos e terríveis foram os gritos do filho de Amazaspo, enquanto os gregos, auxiliados por Simão, cortavam a carne e o osso do outrora grande guerreiro.

Três dias depois da chegada de Felipe, Bórias começou a arder em febre. Sérgio sorvia avidamente uma caneca de vinho aguado, após ordenar que a lã dos carneiros fosse arrumada para ser vendida na feira mais próxima. Há algum tempo, o albanês percebeu que a cidade se acabara de vez. Com a morte de Bórias, ele pretendia assumir o comando oficialmente e pedir concessão ao rei para fundar outro povoado perto dali. Seus companheiros compatriotas sussurravam que Bórias poderia acabar se recuperando, e pensamentos de assassinato surgiram na mente cobiçosa do antigo mercenário.

Artabano, por fim, chegou, trazendo mensagens e cinco carroças de mantimentos em nome do rei. O rapaz havia crescido bastante nos anos em que estivera afastado, vivendo na corte do rei, e trazia um semblante carregado.

De postura orgulhosa, o rapaz ordenou aos servos que distribuíssem os mantimentos enviados por Farasmanes e caminhou para a tenda daquele homem que era seu pai.

— Filho! — gritou Miriam correndo pelas vielas cheias de destroços. — Meu filho!

Em silêncio, Artabano recebeu o abraço da mãe, mas, com firmeza, afastou-a e encarou-a. Era muito grato a ela e desejava reencontrá-la, pois o sentimento de posse que nutria, desde os dias como Neeraj, não tinha se apagado, mas sabia ele que não ficava bem ao herdeiro de Bórias ser recebido daquele jeito por uma mulher.

— Mãe, venho como emissário do rei em resgate ao meu irmão — disse Artabano com a voz imposta, como se tivesse ensaiado inúmeras vezes. — Não posso demorar com a senhora. Depois conversamos.

Deixando Miriam para trás, imóvel e com lágrimas nos olhos, o rapaz foi ter com o homem que o chamara. Ao ficar diante do homem que chamava de irmão, embora soubesse a verdade de sua filiação, Artabano curvou-se respeitosamente como aprendera na corte do rei.

— Aproxime-se, Artabano — disse Bórias com a voz fraca. — Trouxe reforços? Trouxe soldados para mim?

— Não, meu irmão — respondeu secamente o jovem. — Apenas mantimentos. O rei preparou outra expedição e está contando com sua força, meu senhor.

Bórias esboçou uma careta de dor. Fora abandonado pelo rei, por quem tanto lutara, e via diante de si um rapazote que não imaginava ter vindo para o matadouro.

— Vá embora, meu filho — disse Bórias. — Pegue sua mãe e o marido dela e fuja daqui...

— Não estou entendendo... — balbuciou Artabano.

— Acabei de chegar. Seus homens podem reconstruir a cidade. Eu fiscalizarei a reconstrução em seu nome.

— Tolo — interrompeu o outro. — Não percebeu que os guerreiros lá fora são homens da Albânia? Nada aprendeu na corte de Farasmanes que não seja sobre vinho e mulheres? Nossos parentes são poucos agora e não vão querer lutar. Os armênios querem que nós nos matemos com os albaneses.

Artabano, finalmente, compreendeu o que Bórias dizia, mas seu orgulho era imenso. Pondo as mãos sobre a espada curta que trazia, o rapaz fitou seu pai. Aquele gesto, em outros tempos, pareceria bom aos olhos do guerreiro acamado, mas naquele momento parecia algo patético.

— Saia daqui, criança — rosnou Bórias, por fim. — Deixe-me.

Aturdido, o jovem retirou-se e passou por Felipe, que a tudo ouvira. O médico estava assustado e certo de que estava no olho de uma tempestade.

Capítulo 34

Miriam ouviu o relato do filho e pensou que as palavras de Bórias faziam sentido. Um imenso temor apossou-se do coração da mulher. Simão estava longe, pois tinha ido derrubar algumas árvores com parentes de Bórias convertidos aos ensinamentos do Cristo.

— Precisamos ir embora! — disse a mulher. — O destino de Bórias foi selado quando você veio sem os soldados do rei!

— Os homens do clã são fortes! — disparou o rapaz, cheio de confiança. — Vamos expulsar os albaneses!

— Fale baixo! — interrompeu Miriam, receosa. — Há muitos ouvidos aqui. Vamos embora agora! Encontraremos Simão nos campos, e ele nos levará a um lugar seguro.

— Seu marido deve ser um covarde — comentou Artabano, com desdém. — Fugiu à primeira hora da batalha e depois se recusou a somar-se com as forças de meu irmão na revanche.

— Você sabe que Bórias é seu pai e que Simão é um bom homem — disse Miriam. — Se ele tivesse ficado, estaríamos mortos, inclusive Bórias. Foi meu marido quem ergueu a tenda onde mora o senhor. Não seja tolo, rapaz.

— É a segunda vez hoje que me chamam de tolo — gritou Artabano, irado! — Não tolerarei que uma mulher, ainda que minha mãe, se dirija a mim dessa maneira!

Erguendo seu punho cerrado, Artabano assomou-se sobre Miriam, que, sem compreender a intenção do filho, apenas o contemplava. No exato momento em que o jovem iria atingir a mãe, as mãos férreas de Simão puxaram o braço do rapaz, jogando-o no chão.

— Crime grave é atentar contra a própria mãe, rapaz! — disse o grego, severo. — Ainda mais se a mãe ama tanto o filho!

— Velho infeliz! — rosnou Artabano. — Acabou de assinar sua sentença de morte!

Miriam saltou sobre Artabano e puxou a pequena espada que ele portava orgulhosamente. Antes que o filho pudesse tomar de volta seu objeto, a mulher jogou longe a arma.

— A senhora me abandonou, mãe, e eu a perdoei! — exclamou Artabano enfurecido. — Agora me trai! Bem que as histórias a seu respeito eram verdadeiras! Feiticeira vil!

— Pare de falar loucuras, Artabano! — interveio Simão. — Estamos em um momento crítico, e você age como uma criança mimada. Pare com isso!

O tom imperioso de Simão fez Artabano piscar e recuar dois passos. O jovem parecia uma fera acuada, e era difícil de refrear seu temperamento belicoso. O jovem estava decidido a esmagar o carpinteiro com socos.

— Você está cercado de inimigos, meu filho — volveu Miriam, tentando parecer serena —, porém, saiba que eu e Simão desejamos todo o bem do mundo para você. Acalme-se e me ouça! Já fui tão temerária quanto você é hoje!

Imóvel, Artabano ouviu as palavras da mãe, que o amava muito à sua maneira. O jovem acreditava que ela lhe pertencia e almejava dar a Miriam todo o luxo que pudesse. Lentamente, seus punhos abriram-se, contudo, um ódio sinistro havia em seu coração contra Simão.

— Bórias está certo quando disse que precisamos partir depressa — disse Miriam, após ouvir o relato de Artabano sobre a conversa com seu pai. — É questão de tempo até Sérgio tomar o controle de tudo.

— Sim — concordou Simão. — A presença do herdeiro, seu "irmão", acelera tudo. Precisamos ir embora.

— Não deixarei Bórias — retrucou Artabano. — Aprendi a lutar na corte do rei.

— O que um lobo pode fazer contra um enxame furioso? — interveio o grego. — Correr ou morrer. Vamos embora para construir um futuro melhor.

— Precisamos levar meu pai — insistiu Artabano. — Ele não pode morrer assim.

— Ele não sobreviverá à viagem — disse Miriam, recordando-se da enfermidade do antigo amante. — Seus ferimentos são profundos.

Artabano era jovem e inexperiente, mas sabia que sua mãe tinha razão. Seu pai não sairia vivo do leito. Além disso, a tenda que Bórias habitava estava cercada pelos homens do mercenário albanês. Finalmente, o rapaz concordou em partir com a mãe e o estranho grego.

Percebendo que Artabano cedera, Simão começou os preparativos. Tomando seu cajado e o machado que recebera de Bórias como presente de casamento, o carpinteiro fez uma singela oração. Não se via como os mártires de sua fé nem sábio como seus mestres em Antioquia. Sentia medo por sua mulher e pelo jovem. Uma estranha sensação, que ele não conseguia traduzir, o assaltava insistentemente.

Capítulo 35

Miriam e Simão sabiam que eram vigiados pelos homens de Sérgio. Muitos dos parentes de seu marido, temendo por suas vidas, já haviam se aliado ao mercenário para sobreviverem. A mulher se perguntava se, no lugar deles, não teria feito a mesma coisa, caso Artabano não tivesse vindo.

Entardecia, e os ventos frescos da primavera que chegava traziam uma estranha vibração ao sensível Simão, que orava silenciosamente a todo instante. O homem beijou de forma respeitosa as mãos da mulher que aprendera rapidamente a amar, e um tímido sorriso surgiu no rosto marcado de Miriam, que se sentia profundamente amada pelo homem que Deus lhe enviara. Diante da cena tocante, Artabano resmungou baixinho e foi para a porta da humilde tenda, erguida após a destruição da povoação.

— Bórias está morto! — gritou uma voz de mulher, que reverberou por todo o povoado.

Um calafrio percorreu o corpo de Artabano, que pôs suas mãos no punho da espada. Miriam e Simão também ouviram. Pegando o que podiam carregar, o casal tomou as ruas estreitas e sujas e, com o rapaz a seu lado, avançaram pelos campos. Não tardou, contudo, para que um grupo de cinco cavaleiros liderados por Sérgio surgisse com lanças apontadas para o trio de fugitivos.

— Onde pensam que vão? — indagou Sérgio. — Não podem sair sem minha permissão.

— Deixe-nos passar, Sérgio — disse Simão, com respeito e com as palmas das mãos abertas, mostrando que não queria confronto com o guerreiro. — Apenas desejamos ir embora.

— Meu bom grego — riu o albanês —, o melhor carpinteiro que já vi! Não posso deixá-lo ir, pois tenho planos para você. Temos de reconstruir este povoado, e não posso deixar o herdeiro de Bórias voltar para junto do rei dessa forma tão repentina. O que Farasmanes pensará de mim?

— O rapaz não dirá nada, meu senhor — disse Simão, após fitar o enteado e a esposa. — Só queremos ir em paz. Não somos escravos, Sérgio. Não queremos atrapalhar seu domínio.

— Não atrapalham meu domínio, Simão — interrompeu o feroz Sérgio, enquanto seus homens riam. — Meu domínio veio em paz. Não precisei matar Bórias, que foi para mim um bom chefe e amigo, mas não posso permitir que esse rapaz vá embora. Ele pode querer voltar um dia. Você sabe como as coisas funcionam neste mundo, não é mesmo, meu velho grego?

Simão sabia. Vivera o suficiente para saber que Sérgio se referia a um fato irrecusável, contudo, o carpinteiro também tinha consciência de que aquele mundo triste e violento não era maior que o mundo espiritual de que tanto Pedro e Paulo falaram.

— Juro que não retornarei a essa terra, Sérgio — disparou Artabano para a surpresa de todos —, pois não irei embora. Eu o desafio, seu velho patife!

— Não! — gritou Miriam, abraçando o filho, enquanto os homens de Sérgio se regozijavam.

Era exatamente aquilo que os albaneses precisavam. Somente um desafio daquele poderia legitimar o domínio de Sérgio, veterano de muitas batalhas.

Dois dos guerreiros esporearam seus cavalos de volta ao povoado para convocar as pessoas, enquanto Sérgio desmontava. A lua surgia no horizonte, e nenhuma palavra que Simão disse fez Artabano e Sérgio mudarem de ideia.

— Matarei esse bandido e me tornarei o rei daqui! — rosnou Artabano com sua espada curta nas mãos. — E a senhora, mãe, viverá com o luxo que granjearei!

Em alguns minutos, algumas pessoas da vila chegaram. Todos ali sabiam o desfecho daquele embate, menos o tolo Artabano. Excitado, o jovem assistiu à chegada das pessoas com algumas tochas e lamparinas, enquanto Miriam, arrastada por Simão, era levada para junto das pessoas.

— Solte-me! — gritava Miriam, desesperada. — Solte-me!

Prendendo a mulher que amava, Simão chorava. Finalmente, passou a entender a estranha sensação que o acometia e a perceber os vultos espirituais dos benfeitores que ali estavam.

Sem aviso, Artabano ergueu sua espada e atacou o adversário, que se defendeu com facilidade com um único gesto. Movendo rapidamente as pernas, Sérgio mostrou depressa ao jovem que era letal. A primeira estocada do albanês foi detida com muita dificuldade por Artabano, que, finalmente, começou a ver a morte diante de si.

Conjurando os deuses que conhecera na cidade do rei, o filho de Miriam tentou uma série de velozes ataques, contudo, todos foram detidos pela experiência do mercenário, que ria e insultava o rapaz.

Depois de algum tempo, a noite finalmente chegou, e Sérgio, decidido a acabar com aquilo, saltou para o lado de Artabano e feriu profundamente o braço do rapaz que empunhava a espada. A arma caiu pesadamente, e, atônito e com os olhos marejados, Artabano recebeu um cruel golpe na cabeça. Caindo agonizante, o jovem morreu rapidamente, enquanto Miriam se desvencilhava do marido.

— Venci honradamente! — anunciou Sérgio. — E tomo para mim o controle destas terras e do povo, em nome do rei Farasmanes da Ibéria!

— Você matou uma criança! — gritou Miriam, enlouquecida.

Sérgio contemplou Miriam com ar triunfante e percebeu que as mãos pequenas e magras da mulher haviam tomado a espada de Artabano rapidamente. Em um único segundo, Miriam, segurando a espada do filho, avançou contra o implacável albanês. Com um ágil movimento, Sérgio desviou-se do ataque e, com um veloz contragolpe, cravou sua espada nas costelas de Miriam. Atônita, a filha de Radamisto observou a lâmina penetrar em seu corpo franzino e caiu de joelhos. Em seguida, sentiu os braços de Simão confortando seu corpo desgastado.

— Minha adorada esposa — disse Simão, mansamente —, agora descanse. Não parta deste mundo com ódio no coração! Você estará com o Mestre Jesus em seu Reino de Glória!

— Meu esposo e professor — sussurrou Miriam —, que Deus me ajude! Fui muito má!

— Mas o amor que cultivou renderá frutos doces — atalhou Simão.

Essas foram as últimas palavras de Miriam sobre aquela terra. O espírito da mulher desprendeu-se com o auxílio de Valda e Uzith, e, atordoada, Miriam nada mais viu.

Assim que ela deu seu último suspiro, Sérgio fez um sinal sinistro a um de seus companheiros, que cravou sua lança nas costas de Simão. O grego, então, ergueu seus olhos cansados para as estrelas cintilantes e de repente ouviu as vozes doces de sua filha adorada e um facho de luz branca cegá-lo. Saor e Lanim iriam encaminhar o espírito de Simão para o Castelo da Luz.

Capítulo 36

Miriam abriu os olhos lentamente. Sentia o corpo dormente, com uma leve pontada em seu flanco esquerdo. Fora esse o local onde Sérgio a atacara letalmente.

Ela viu-se deitada sobre uma cama feita com um estranho tecido, e a luz do dia penetrava pela alta janela. A mulher não compreendia o que acontecera e, sem conseguir levantar-se, divisou uma digna senhora sentada em um banco a seu lado.

— Minha filha — disse Valda —, é importante que mantenha a calma.

Miriam reconheceu aquela voz terna e o semblante sereno da senhora, porém, não sabia precisar de onde conhecia a estranha, que vibrava sutilmente um delicado bálsamo usado para acalentar as dores e a confusão da recém-desencarnada.

— Meu filho... — balbuciou Miriam, com lágrimas nos olhos. — Meu marido...

— Em breve, você se encontrará com Simão — respondeu a benfeitora. — Ele partiu do mundo logo depois de você e está muito bem! — o rosto confiante de Valda transmitiu muita tranquilidade à sua protegida. — Artabano está sob nossa proteção. Com o tempo, vocês irão se reencontrar.

— E Bórias? — indagou Miriam, após um tempo.

— Bórias precisa de nossa ajuda — disse Valda, acariciando o rosto marcado da outra. — Ele está sendo acompanhado por irmãos muito capazes. Agora, descanse.

As últimas palavras de Valda soaram imperativas a Miriam, que, sentindo um imenso conforto pela primeira vez em muito tempo, cerrou os olhos. Pareceu-lhe, então, que uma suave melodia vinda de séculos recuados chegava ao seu fatigado espírito, e aquela música exótica falava sobre o Ciclo das Existências. Enquanto Valda orava, os lábios de Miriam proferiram uma única palavra: Samsara.

***

Algum tempo depois, Miriam conseguiu sentar-se. Valda alternava-se com outros espíritos chamados Yeva e Lenir, de semblantes ternos. A essa altura, ela já sabia que estava residindo no Castelo da Luz, sob a direção de Mestre Lanim.

***

Em uma manhã de verão, uma suave batida à porta surpreendeu Miriam e Yeva, que conversavam sobre a importância do perdão. Miriam relutava em muitos pontos, da mesma forma que fazia quando ouvia as palavras de Simão, ainda na Terra. A mulher recusava-se a perdoar Amazaspo e Bórias pelos tormentos passados.

— Posso entrar? — indagou Simão, cruzando o limiar e quebrando as difíceis reflexões das duas entidades femininas. — Vim ver minha adorada Miriam.

Terno foi o abraço entre Miriam e Simão, pois haviam encontrado o amor nos braços um do outro. Era um amor maduro e sereno, e mais de uma vez Simão comentara que, de certa forma, Bórias os ajudara nesse assunto. Sentados à mesa, Miriam e Simão, de mãos dadas, olharam-se longamente sob a companhia fraterna de Yeva. Aos olhos de Miriam, Simão parecia ainda mais jovial e belo, com menos rugas, e um ar senhorial destacava-se em seu semblante. Nem de longe parecia sujo ou desgrenhado, como caminhava no mundo material.

— Não pude vê-la antes — iniciou Simão, com a voz doce. — Me perdoe! Não era possível para você.

— Entendo — volveu Miriam. — Valda me explicou. Eu estava muito atormentada. Me disseram que, quando você viesse me visitar, eu poderia sair do meu belo claustro. E...

— Sim — atalhou o outro, percebendo a tristeza surgindo no coração da amada. — Precisa ocupar sua cabeça. No tempo certo, poderemos ajudar Artabano.

— As coisas demoram muito! — exclamou Miriam. — Não consigo compreender!

— Se não consegue compreender, por que, então, ter essa ou aquela informação? — retrucou Simão com firmeza. — Espere e confie! Somos imortais, Miriam! O esclarecimento chegará à medida que nós nos disciplinarmos e nos esforçarmos a amadurecer.

Miriam silenciou e sentiu as mãos fortes de seu companheiro acariciando-a. Parecia que ela já ouvira aquelas palavras antes, muito tempo atrás, quando parecia ter outra identidade.

— O que tem feito? — indagou Miriam, depois de refletir um pouco.

— Tenho trabalhado bastante e participado de caravanas até o mundo material. — Sorriu o antigo esposo. — Vi coisas belas, com a luz que os discípulos do Mestre Supremo espalham! Simplesmente magnífico! Vi as trevas que os cercam, tentando impedir-lhes o trabalho — o carpinteiro recostou-se na cadeira simples, feita de algum material que lembrava madeira. — Ajudei em algumas mortes também, da mesma forma que fizeram conosco.

— Impressionante — observou Miriam. — E eu aqui...

— Simão — interveio Yeva — vem desenvolvendo seu espírito há um bom tempo. Por ocasião da morte física de vocês, ele já estava preparado. Estava com medo e assustado, mas certo de que perdoaria os adversários.

Os olhos de Miriam buscaram a janela. A noite caíra, e as estrelas banhavam a humanidade e todos os seres com suas luzes abençoadas. Sabia que precisava perdoar, mas era muito difícil. Como relevar todo o sofrimento? A lua, prateada e em toda a sua glória, atraiu a atenção de Miriam.

— Radha... — disse a mulher atormentada.

Capítulo 37

Simão acompanhou Miriam e Yeva pelas ruas largas da cidadela espiritual. As construções eram familiares a Miriam, mas a mulher, ainda extremamente apegada às recordações da existência atual, pensava que jamais havia visto tão sólidas e belas construções.

O grupo chegou à alta construção, onde muitas salas abrigavam incansáveis trabalhadores e projetos. Muitas faces eram familiares a Miriam e Simão, e Yeva conhecia a todos como antigos companheiros. O trio alcançou um grande salão com cadeiras dispostas em círculos, e, no centro dele, duas entidades veneráveis fizeram Miriam sentir um fortíssimo sentimento de reconhecimento: Lanim e Vyasa.

Os veneráveis espíritos cumprimentaram os recém-chegados, que encontraram lugares entre os assentos. Ali também estavam Valda, Mitridarites e Uzith, conhecidos dos retardatários.

— Que Deus nos abençoe — anunciou Lanim, iniciando a assembleia. — Nós, Trabalhadores do Senhor, temos notícias felizes e tristes. Os Emissários do Mestre Supremo que estão na carne avançam como podem em seu apostolado, e alguns espíritos, tocados pelos ensinamentos sublimes, se juntaram a eles conforme o esperado, porém, forças sombrias perseveram e lhes assomam — o mestre do Castelo da Luz calou-se por alguns segundos. — Quem aqui é perfeito como Jesus? Quem aqui pode julgar os irmãos que escolhem cair na sombra dos vícios? — O olhar de Lanim percorreu todas as faces ali, e muitos baixaram a fronte. — Ninguém! O livre-arbítrio é soberano! Um dia, com esforço, alcançaremos a verdadeira glória e não deixaremos para trás aqueles que fracassaram na missão. Eles retomarão de onde pararam. Nesse ínterim, porém, outros espíritos devem aproveitar a oportunidade de crescimento. O campo precisa de lavradores!

— Alguns dos nossos retornarão à Terra material para se renovarem, e outros terão encargo maior junto à Boa-Nova — emendou Vyasa. — O olhar do espírito que liderava grandes trabalhos no Oriente fitou o rosto de Miriam. — Precisamos de trabalhadores que permaneçam nesta cidadela abençoada para auxiliar os que regressam.

Alguns ergueram os braços, e Simão estava entre eles. O olhar confiante do antigo carpinteiro encontrou o de Miriam.

— Não consigo — murmurou ela a Simão. — Sou tão pequena!

— Até a menor das formigas tem importante papel na obra de Deus — considerou o companheiro. — Venha para a tarefa!

Lentamente, Miriam ergueu sua mão, e Vyasa, com um largo sorriso, curvou-se diante da humilde serva que se apresentava ao serviço.

Mitridarites e Valda iriam regressar ao mundo corpóreo. O primeiro regressaria em Roma, em uma família pobre, e a segunda renasceria em uma família abastada no Egito. Saor e Uzith continuariam junto ao antigo povo que Bórias comandara, acrescidos por dois espíritos esforçados: Lenir e Suzana. Alguns espíritos foram destacados para outros pontos da crosta, vinculados à instituição encabeçada por Lanim, enquanto outros reencarnariam na Grécia, na Gália, na Palestina e em algumas terras do Oriente. Era necessário espalhar a Boa-Nova como ferramenta de reajustamento moral. O mundo, conforme Lanim considerara, passava por uma nova transição, em que a primitivez deveria ser combatida pela Lei do Amor, recém--implantada na Terra por Jesus.

Com essas decisões tomadas, Lanim e Vyasa encerraram a assembleia com uma sentida oração. Renovados pelos planos, os presentes retiraram-se. Havia muito otimismo entre os residentes da cidadela. Tomando a mão de Simão, Miriam dirigiu-se para a dupla de benfeitores. Aparentemente, Lanim e Vyasa já esperavam pela chegada deles, assim como a gentil Yeva, que os seguia silenciosamente.

— Minha filha — disse Vyasa, tomando as pequenas mãos magras de Miriam —, temos tanto a falar.

— Parece que o conheço há um tempo que não posso precisar, mestre. — Sorriu Miriam, com lágrimas nos olhos. — Uma eternidade!

— Séculos e séculos, sim, minha criança – concordou o mentor. — Você pode se sentir pequena e simplória, mas avançou muito, Miriam.

— Falhei tanto! — atalhou a outra.

— Menos do que o esperado — interveio o espírito de aparência oriental. — Pensamos que falharia na tarefa que levou quando se aliou a Melk.

Naquele momento, Miriam já tinha plena consciência de suas péssimas ações, sobretudo com o implacável Melk, quando ainda ansiava por poder temporal e o homem que julgava amar.

— Você fez o que pôde! — prosseguiu Vyasa. — Cuidou bem de Artabano, antigo inimigo, e ajudou-o quando ele mais precisou, ainda que inicialmente fosse movida pelo instinto animal de zelar pela prole. Você começou a transformar o ódio em amor.

— Onde está meu filho? — perguntou Miriam.

— Em uma câmara — respondeu o benfeitor. — Está imensamente revoltado. É um perigo para você ver Artabano agora.

— Poderia acalmá-lo, não? — insistiu a mulher, que buscou em vão apoio no olhar de Simão. — Se eu o ajudei antes, posso ajudar agora!

— Artabano abandonou o mundo físico com muito ódio, Miriam — instruiu Vyasa. — Com muito custo, seu espírito se libertou da carne. Para todos os efeitos, ele é suicida, pois abreviou sua vida terrena.

— Eu também sou! — exclamou Miriam, resoluta.

— Certamente — retrucou Vyasa, em tom calmante. — E levou Simão consigo. Em você pesa a pena do suicídio e da indução à morte de seu esposo.

Chocada, Miriam tapou a boca. Não havia pensado nisso. Lentamente, os olhos dela fixaram-se no rosto sereno do homem que ela amava.

— Muitos acham que a vida deve ser encarada em extremos — disse Vyasa. — Ou somos marionetes nas mãos dos assim chamados deuses, que praticamente caminham por nós, e não temos nenhuma responsabilidade por nossos atos, ou fazemos o que queremos e fica por isso mesmo. Nada disso. Quando realizamos o planejamento para o renascimento, existem inúmeras variáveis. Apenas esperamos que a missão acabe bem. Simão já havia concluído grande parte de sua missão na Terra, porém, deveria regressar à Grécia após viver ao norte e ensinar a Boa-Nova por lá. Outro espírito renascido foi destacado para essa tarefa, e nosso Simão desempenhará outros serviços aqui. — O espírito de aparência indiana sorriu. — Sempre haverá serviço para aquele que tem boa vontade. A missão na Terra deve prosseguir, independente do agente. Para ele sempre haverá uma gama de atividades compatíveis.

Simão beijou as mãos de sua esposa. Em momento algum ele culpara a companheira por sua morte precoce, e Miriam sabia disso perfeitamente.

— Você poderia considerar que é suicida e assassina — prosseguiu o sábio —, o que não seria um pensamento de todo equivocado. No entanto, peço que observe com atenção seu amadurecimento ao longo do tempo e a confusão mental que atormentava imensamente seu espírito. Já perdeu tanto, não é? Ver seu filho carnal trucidado por orgulho foi demais para você. Nós sabemos disso, e sua consciência também. Dessa forma, seu desprendimento do corpo material foi mais suave do que em outras vidas. Afianço que você e Simão deveriam ter ido para a velha Hélade e vivido juntos por mais nove anos até o falecimento de ambos, vitimados por uma peste, mas não antes de fundarem um grupamento cristão — Vyasa contemplou as luzes da aurora que chegavam belas e radiantes, abençoando o mundo em ambos os planos da Vida. — Agora outras tarefas os aguardam. Um dia, vocês retomarão esse planejamento de fundarem um núcleo de apoio.

Diante de tamanhas revelações, Miriam nada mais tinha a dizer. Ela precisaria meditar sobre muitas informações. Querendo esclarecer mais um ponto para sua esposa, Simão permaneceu parado, enquanto os demais se mexiam para outros afazeres.

— Mestre Vyasa, onde está Bórias? — perguntou Simão, respeitoso como sempre. — Miriam precisa saber dessa informação.

— Está com Melk, ainda bem junto à crosta — respondeu o mentor, ciente de que seu pupilo iria perguntar aquilo. — Bórias é o último alvo do implacável Melk. Agora, nada mais resta ao antigo obsessor, e suas forças já estão se esgotando. Não há mais planos para o amanhã. Ambos estão se digladiando pelos ermos e logo estarão tão fatigados que terão de se escorar um no outro para poderem pedir ajuda, e, quando isso acontecer, estaremos lá para acolhê-los. Foi exatamente isso que ocorreu com o irmão que se autodenominava Vingador. Após a destruição do povoado de Bórias, ele percebeu que nada mais podia fazer para sua revanche. Tocado pelas palavras de Lanim, percebeu que jogara fora um tempo precioso buscando uma justiça que não lhe cabia impetrar. Neste momento, ele repousa nas câmaras perto de Artabano. — O benfeitor, então, abençoou Miriam e Simão. — Ninguém foge da Lei Divina. Engana-se quem pensa o contrário!

Capítulo 38

As atividades corriam céleres na cidadela comanda-
da por Lanim e um conselho de espíritos dedicados. Simão
ficava pouco tempo naquele lugar abençoado, enquanto
Miriam nunca saía além dos muros da fortaleza. A mulher
desenvolvera um forte laço de amizade com Yeva e Uzith
e recebia com alegria as notícias de Valda e Mitridarites,
reencarnados havia alguns anos.

Naqueles tempos, a entidade que fora filha de
Radamisto na antiga Ibéria sabia que o cruel Amazaspo
era uma jovem donzela reencarnada em alguma tribo no
continente africano e que seus pais, instalados em um
núcleo espiritual próximo ao Castelo da Luz, se prepara-
vam para uma nova jornada material em algum lugar da
Europa. Em momento algum, Miriam sentiu vontade de re-
ver os genitores, mas orava sinceramente por eles.

Sempre que possível, Miriam descia às câmaras
que ficavam nas fundações do castelo e conversava com
Artabano, cuja disposição estava bem mais branda. O jovem ainda sentia dores fortes e não sabia precisar o tempo
que passara desde o seu desencarne. Miriam, contudo,
evitava a todo custo encontrar-se com Melk e Bórias,

recolhidos pela equipe de resgate de Saor, exatamente como Vyasa previra. Os lamentos de ambos os espíritos podiam ser ouvidos com clareza pela equipe de enfermeiros daquele Núcleo.

— Meu filho — disse Miriam a Artabano, em uma manhã de primavera —, acredito que tenha forças para sair desse claustro. Vamos caminhar pelo jardim?

Silencioso, o rapaz fitou a mãe. Jardins não o interessavam, mas ainda assim estendeu o braço para ela. Ele jamais pensou em ficar tanto tempo na companhia da mãe, contudo, estava grato por ela estar ao seu lado. Ainda tinha pouca compreensão do que lhe acontecera e onde estava, mas ao menos sabia que era um espírito livre do corpo material.

Lentamente, a dupla alcançou os jardins floridos e mantidos por algumas entidades, dentre eles a própria Miriam. A profusão de cores impactou profundamente Artabano, acostumado ao mesmo tom esverdeado do aposento que ocupava. Sentindo o doce aroma das flores, o enfermo foi colocado pela mãe em um banco comprido que havia em um dos cantos do jardim.

— Como tudo isso foi construído? — indagou o convalescente. — Que deus poderoso é capaz de criar tamanha beleza?

— Deus, que possui muitos nomes — respondeu Miriam —, nos concede muitas capacidades, e nós temos a capacidade de escolher bem ou mal o que fazer com elas. Cada construção que vê aqui foi erguida com a força do pensamento dos sábios deste lugar. Tais mestres de sabedoria respondem a outros ainda maiores que eles, e estes se curvam ante a autoridade daquele que recebeu o nome de Jesus, o governante deste mundo.

Encantado, Artabano observava as flores. Ficara tanto tempo se recuperando das vibrações tóxicas que criara que não percebeu a passagem do tempo. Ainda havia rancor e sentimento de vingança em seu coração, mas bem mais fraco, o que permitiu a Miriam trazê-lo para aquele belo lugar.

— Em breve, você terá de voltar ao mundo, meu filho — disse Miriam, após contemplar o jardim extrafísico por um tempo. — Você precisa aprender muitas coisas na carne e, portanto, precisa se preparar.

— Não desejo isso — retrucou Artabano. — Ainda estou ferido e não quero deixar sua companhia.

— A cura de que você precisa está no mundo corporal, filho — atalhou Miriam. — Eu sei disso muito bem. Ainda terei de regressar muitas vezes à Terra para me reajustar, porém, serei necessária aqui por algum tempo. — As mãos da mulher encontraram as do jovem atormentado. — Por anos sem conta, fomos inimigos terríveis, Artabano, e veja! Cá estamos por amor, desejosos da companhia um do outro! Se não fosse o Ciclo dos Renascimentos, duelaríamos por toda a eternidade! Que sofrimento absurdo seria, não? Você tem de entender que nos reencontraremos e conheceremos outros, como foi com Valda e com mestre Lanim. Vale a pena regressar à carne!

Artabano resistia à ideia de reencarnar, mas nada, no entanto, ele poderia fazer para evitar seu regresso ao mundo material, pois sabia que forças superiores às dele estavam agindo nesse sentido.

Por longos dias, Miriam levou Artabano ao jardim e conversou com ele sobre as Leis Divinas e espantou-se por deter uma enorme quantidade de conhecimento sobre essas importantes informações. O rapaz, por sua vez, ouvia a tudo atentamente, embora tivesse muita dificuldade de compreender ou até mesmo aceitar as instruções que recebia.

Assim, antes que aquele outono chegasse, Vyasa e Suri, vindos da psicosfera da Índia, chegaram ao Castelo da Luz e foram recebidos calorosamente por Lanim e por seus companheiros de ideal. Após os cumprimentos iniciais, o venerando mentor e sua dedicada auxiliar foram encontrar-se com Miriam e Artabano, que conversavam no jardim com três jardineiros.

Ao ver a aproximação de Vyasa, Miriam, tomada por uma doce surpresa, ergueu-se e correu até o bondoso sábio. Havia algum tempo, a modesta trabalhadora daquele núcleo sabia a história que a envolvia com o benemérito espírito e com Artabano. Ela surpreendeu-se ainda mais com a presença de Suri, e um abraço caloroso aconteceu entre as amigas que por tantos e tantos anos se conheciam.

— Minha filha Miriam — disse Vyasa —, trago novidades para você e Artabano. — O benfeitor sorriu para o jovem, que reconhecera o ancião de algum lugar no espaço-tempo. — Eu retornarei à carne. Já faz um longo tempo em que enverguei o manto rude da matéria. Levarei uma grande missão para o Senhor.

Miriam ficou impactada, pois jamais imaginaria que o muito sábio Vyasa, assim como Lanim, ainda precisasse renascer naquele mundo duro que habitavam. Vyasa, obviamente, captou o pensamento da pupila e fitou as flores do jardim.

— Estou distante daquela perfeição que o Mestre dos Mestres possui, filha — asseverou docemente o sábio de aparência oriental. — Embora muitos degraus eu tenha galgado na escalada para Deus, a missão que recebi não tem encargos de reparação moral. Regressarei à Terra por amor à humanidade, como Jesus nos ensina.

— Mas aqui, neste nosso mundo — disse Miriam —, suas responsabilidades são muitas! Ao "vestir" novamente um corpo denso, ficará muito mais limitado.

Vyasa contemplou a face de sua antiga pupila, sabendo que a ponderação dela era mais motivada ao apego que Miriam nutria por sua pessoa do que com as atividades executadas.

— Não estou preso eternamente aos serviços que ora executo, Miriam — respondeu calmamente o benfeitor. — Antes de mim, outros fizeram o que faço atualmente. — Vyasa alisou sua barba longa e alvíssima. — O corpo denso, de fato, me limitará bastante. Aproveitarei ao máximo a oportunidade de sublimar tal desafio!

— Mas... — insistiu a outra.

— Será necessário, minha querida — interrompeu o venerando. — Trata-se de uma tarefa nobre. Lembre-se: somos imortais e nunca estaremos verdadeiramente separados. Tenha fé!

Miriam não se sentia muito consolada, porém, entendia a importância da missão de seu querido amigo. O que ela não queria era que Vyasa, delicado espírito de ordem superior, se expusesse aos sofrimentos que o mundo corpóreo, duríssimo educandário, apresentava. Em sua concepção, Artabano necessitava renascer para burilamento, mas não concordava com o retorno do benfeitor, por mais que confiasse na sabedoria de Vyasa.

Capítulo 39

Finalmente, chegara o momento de Artabano regressar à carne. Ele habitaria a ilha de Pafos, uma grande e importante ilha localizada no Mediterrâneo. Para seu profundo desagrado, nasceria com o sexo feminino para deixar de lado muitos vícios beligerantes — muitos deles ligados ao abuso de mulheres —, adquiridos ao longo de séculos de maldade. Aquela reencarnação seria muito difícil para aquele ser que tantas vezes habitara o corpo masculino e falhara tremendamente com o sexo oposto.

— Se lhe foi dada essa oportunidade, é porque você está apto a enfrentá-la — disse Miriam a Artabano.

— Me foi imposto! — lamentou o reencarnante, que já conhecia seus futuros pais biológicos, dois antigos comparsas seculares. — Não quero!

Sem contraditas, Miriam e Simão abençoaram Artabano, que já sentia os poderosos influxos magnéticos das entidades encarregadas de vincular o antigo delinquente aos dois espíritos já reencarnados. Miriam sentia uma profunda aflição, que ela não conseguia disfarçar no mundo espiritual. Miriam tinha quase certeza de que Artabano falharia, contudo, Simão estava confiante de que o regressante iria, ao menos, vencer em alguns pontos de seu planejamento reencarnatório.

***

Os dias passaram céleres, e o núcleo dirigido por Lanim fervilhava de trabalhadores e enfermos espirituais. Em duas ocasiões, o venerando mentor afastara-se de sua cidadela para ajudar a soerguer, na erraticidade, dois outros núcleos de socorro próximos da crosta terrena.

Em um entardecer, Lanim encontrou-se com Miriam perto da fonte de água, onde tantos moradores do lugar gostavam de meditar.

No momento em que seus olhos escuros divisaram o nobre mentor, Miriam soube que uma grandiosa novidade vinha com Lanim. Curvando humildemente a fronte em profundo respeito ao sábio, ela sentiu as vibrações benfazejas da bênção que Lanim lhe concedia.

— Vyasa retornará ao mundo físico nas próximas horas — disse Lanim. — Você não quer dizer algo a ele?

Miriam sorriu, desejando ardentemente ver o ser que, em um passado não tão remoto, chamara de guru. Ver Vyasa significa ir ao ancestral núcleo que se vinculava à Índia, onde vivenciara tantas desventuras. Sem proferir uma única palavra, Miriam anuiu.

Cruzando as altas muralhas cobertas de vegetação da cidadela que Vyasa chefiara por séculos a fio, Miriam sentia seu corpo espiritual vibrar poderosamente. Memórias assaltavam-na: vozes e rostos, cheiros e ensinamentos, mas também dor e sofrimento. Lanim esperou que Miriam se assenhorasse de si mesma. Emocionada, ela tocou o solo relvado do lugar e orou fervorosamente.

Na grande praça central da cidadela muito maior que o Castelo da Luz, entidades de todos os matizes se reuniam. Ladeado por Suri e outros nobres espíritos, Vyasa orava. Gotas de luz multicolorida banhavam o lugar, que para muitos poderia ser chamado de céu, ainda que se localizasse nas turbulentas zonas próximas da crosta. Espíritos em desdobramento, almas nobres que lutavam na carne por uma existência — e um mundo melhor — testemunhavam aquele momento sublime.

Vyasa, que possuía uma estatura elevada e um semblante venerável, fitava as estrelas do firmamento. A lua — Radha, para os povos vinculados à cultura hindu — parecia ainda maior e mais radiante, fazendo Miriam prantear. Ela sabia que em uma de suas reencarnações recentes invocara a esplêndida lua para ser testemunha de uma maldição.

— Meus irmãos — disse Vyasa, o sábio —, regresso mais uma vez ao mundo denso e peço a todos que orem por mim! O Mestre dos Mestres convocou-me a um enorme serviço! Confesso que meu coração está inquieto! — a barba alvíssima do nobre mentor evidenciou o sorriso mais majestoso que Miriam jamais vira. — Temo por aqueles que ouvirão os ensinamentos do Grande Mestre e não o entenderão. Que eu possa ter força suficiente para mostrar com ações e não só com palavras! Alguém poderia dizer, com verdade, que aqueles que não aprenderem terão outras oportunidades. Isso é verdade! Contudo, o mundo gira depressa. Muitos dos nossos irmãos não percebem que se caminha para frente e que, se não se esforçarem, esses seres aferroados ao orgulho e ao mal muito em breve só poderão renascer em mundos ainda mais atrasados que este!

Todos compreendiam o sentimento de compaixão de Vyasa. Em sua humildade, o mentor preocupava-se com aqueles que se compraziam no mal. Embora fosse sábio e não precisasse mais renascer naquele mundo, Vyasa dividia com todos seu receio de não alcançar todos os corações que deveria tocar em seu regresso voluntário ao mundo corporal.

— Somos todos irmãos — prosseguiu Vyasa, emocionado. — Conheço cada um aqui. Um dia, conheceremos todos os filhos de Deus. Até lá, trabalhemos confiantes! Peço orações a cada um dos presentes. Até o reencontro! Quando isso acontecer, que nós estejamos mais amadurecidos na Lei de Deus e estejamos mais amorosos!

Enquanto Vyasa falava, uma luz tênue cobriu-o, e logo todo o lugar parecia iluminado por um milhão de estrelas. Um grande vulto, que lembrava o rosto de um homem com uma curta barba, parecia contemplar a nobre assembleia. Inúmeros espíritos, assim como Lanim, ajoelharam-se, embevecidos. Miriam, estática como muitos dos mais simplórios, apenas contemplava como podia o semblante do Cristo, que abençoava a todos ali. O Mestre dos Mestres, o Um com o Pai, sorriu, inspirando uma sólida paz nos corações que ali se encontravam, e até mesmo os enfermos, que jaziam profundamente adormecidos ou aterrorizados por seus crimes nos aposentos de cura, sentiram-se enlevados e despertos.

Jesus, então, retirou-se suavemente às instâncias superiores, regressando ao seu incalculável labor junto ao mundo, e Vyasa, prostrado em respeito, quebrou o silêncio.

— Que seja feita a vontade de Deus — disse o sábio. — Regresso, feliz, ao mundo denso, à Escola da Vida!

Capítulo 40

Suri foi alçada ao posto de líder da cidadela espiritual chefiada por Vyasa havia muito tempo. A humilde trabalhadora recebeu de joelhos belíssimos cordões de flores brancas, com perfume inigualável, em seu pescoço delicado. Aos olhos daquelas gentes, a pupila do venerando Vyasa assemelhava-se às belas deusas do panteão hindu. Houve que aqueles que estavam ali vinculados pelo cordão de prata chamavam a dedicada trabalhadora do bem de Parvati, a esposa de Shiva e Mãe Divina.

Ao regressar ao lugar onde residia, Miriam ainda guardava profundas impressões do que vivenciara. Ainda calava fundo nela a cultura védica, e, sem se dar conta, ela reproduzia muitos dos hábitos que possuíra na Ibéria, adquiridos na ancestral Índia. Soube ela que, mesmo com o véu do esquecimento, ainda assim as inclinações perduravam dentro do ciclo dos renascimentos, mesmo que de forma sutil. Por conta disso, o sábio Vyasa indicou que Mahara, renascida Miriam, renascesse em terras distantes. Aquele método planejado pelos benfeitores fez bem a Miriam e a ajudou a se libertar, ainda que muito pouco, das viciações que carregava.

Miriam continuava seu trabalho e aprendizado. Não ia para o mundo denso, mais por escolha do que por outra razão. Sob os cuidados de Simão, visitou por três vezes apenas o infante Artabano, reencarnado como Paula, filha de modestos comerciantes que simpatizavam largamente com os postulados cristãos. Naquele tempo, os primeiros discípulos de Jesus há muito tinham regressado à Pátria Espiritual e coordenavam imensos trabalhos de esclarecimento da humanidade.

Desses grandes missionários, Miriam conheceu Bartolomeu, que realizou uma bela palestra no núcleo chefiado por Lanim, e depois Lázaro, que levou para lá muitos espíritos atormentados a fim de receberem cuidados. Com Lázaro veio uma nobre hoste de benfeitores, que engrossou as fileiras dos trabalhadores do Castelo da Luz. Alçada ao posto de responsável por um corredor inteiro de enfermarias, Miriam jamais conhecera tanto trabalho!

Naquela atividade, a companheira de Simão percebeu a grandiosidade da paciência e da humildade, atendendo a todos quanto podia, embora raras as vezes houvesse algum agradecimento por parte de seus rudes pacientes. Estes, ainda largamente tocados por sentimentos vulgares, eram logo encaminhados para o reencarne sob a direção de uma bondosa entidade que atendia pelo nome de Verônica.

De beleza exótica, Verônica apresentava a pele na cor negra luzidia, e seus olhos, ainda mais negros e brilhantes, eram generosos e ternos. Porém, quando era necessário, ela intimidava os espíritos mais agressivos, que se submetiam à trabalhadora da luz. Era ela quem assumira os setores onde estavam os infelizes Melk e Bórias, que havia longos anos padeciam por conta dos sofrimentos a que se impuseram.

192

Após Verônica se reunir com Lanim e com outros benfeitores, decidiram que os adversários deveriam regressar à carne. Os dois estavam atoleimados no ódio e reencarnariam no mesmo território por conta dos fortes laços magnéticos que os uniam. Melk, antigo sacerdote, ainda contava com um pesadíssimo débito por conta de suas maldades perpetradas por um longo tempo na espiritualidade. Ele estava tão deformado e enlouquecido que passaria por uma série de abortos espontâneos até que, finalmente, pudesse se firmar no mundo material. Ainda assim, carregaria pesadas mazelas físicas e mentais.

Apiedada, Verônica conversou com Lanim para tentar interceder em favor do espírito caído, porém, diante de tudo que Melk fizera em suas existências, Lanim nada poderia fazer. Era a Lei Divina em ação. Auxiliado por uma série de espíritos bondosos, Melk foi levado para o norte da Europa em meio de tribos fetichistas, onde tentou reencarnar quatro vezes, sendo sempre repelido pelo campo vibratório de três mulheres.

De longe, Miriam sabia o que se passava com o antigo vilão com quem se aliara algumas vezes, e suas preces sinceras balsamizavam Melk. Por fim, após alguns anos de tentativas, o temível obsessor conseguiu retornar ao mundo material com o corpo retorcido e com largos momentos de loucura e foi protegido por um sacerdote druída, que, inspirado pelos benfeitores espirituais, resolveu criá-lo com o máximo de carinho que sua cultura permitia.

Bórias, por sua vez, foi levado à mesma tribo de Melk, e sua reencarnação foi menos problemática. Se fora de grande força física em suas últimas reencarnações, renasceria agora franzino, desprovido de uma inteligência mais profunda e em condição servil dentro daquela comunidade. Ainda conservava em sua índole grande vaidade e acalentaria sonhos de grandeza, mas suas limitações se imporiam a seu espírito ganancioso e rebelde. Tanto ele quanto Melk teriam uma vida duríssima e breve e conviveriam. Pela lei de sintonia, havia uma grande probabilidade de sentirem uma inimizade mútua, contudo, seriam aparentados pelo sangue e pela cultura e, dessa forma, aprenderiam a se tolerar para que um dia pudessem se amar como o Cristo professa.

Capítulo 41

Assim foram os dias de Miriam, que viu aqueles com quem convivera em sua última romagem na Terra material irem ao plano espiritual e retornarem dele. Ela reencontrou-se com seu pai, Radamisto, e com seu amado irmão, Bacúrio, contudo, eles pouco se recordavam de Miriam, pois estavam atormentados pelas más ações que tinham praticado. A servidora, porém, conseguiu ampará-los e acompanhou-os a novos corpos, assim como aconteceu com sua mãe e com todos os parentes de sua antiga tribo que permanecera no reino da Ibéria.

Miriam implorou perdão a Amazaspo, a quem traiu, assim que ele desencarnou após uma tentativa fracassada de soerguimento moral sob a supervisão de Simão. Lauro era o novo nome de Amazaspo, e toda a sua beligerância permanecia em seu espírito imortal. Ele retornara precocemente, vítima de suicídio. Encerrado em uma cama simples, Lauro, imóvel e enlouquecido, pareceu reconhecer a antiga esposa por um breve momento, mas então virou seu rosto maldizendo os inimigos que, segundo ele, o haviam derrotado.

— Me parece que o sofrimento sempre supera o bem — disse Miriam a Simão. — Parece que vivemos para padecer.

— Você bem sabe, Miriam — retrucou Simão, responsável por várias atividades —, que o sofrimento é fruto de nossas más escolhas, do ego e da vaidade. Eis as causas do atraso moral em que nos enredamos. — O antigo carpinteiro enlaçou seus dedos nos de sua companheira. — Seja otimista! Estamos bem melhores hoje do que ontem. Que o amanhã possa nos encontrar melhores do que hoje!

Miriam sorriu para o sempre confiante Simão. Ela sabia que deveria retornar em breve ao mundo denso, e aquele fato causava-lhe profundo desgosto. A ideia de ter suas lembranças parcialmente entorpecidas fazia seu pensamento trazer-lhe uma série de péssimas recordações. A trabalhadora sabia que suas predisposições íntimas ainda eram altamente vinculadas às imperfeições morais. Sem as recordações, parecia a Miriam que a probabilidade de sucumbir ao mal era muito maior. Ela sabia, contudo, que o esquecimento momentâneo que a carne proporcionava era fundamental para o surgimento do respeito e do amor entre seres endividados entre si, exatamente como ocorrera entre ela e Artabano, adversários seculares que, finalmente, tinham começado a trilhar a estrada do perdão.

Após um longo período de atividades junto aos enfermos, coube a Miriam, nas tardes que envolviam o Castelo da Luz, recitar os textos que um dia iriam compor os primeiros volumes do que seria chamado de Novo Testamento. Aqueles documentos, plasmados a partir da manipulação magnética do Fluido Universal por Lázaro, na ocasião de sua primeira visita àquele belo lugar, contavam algumas passagens do Mestre Jesus sobre a Terra. Miriam lera a passagem onde Jesus, a pedido de Maria, sua mãe, convertera a água em vinho durante uma festa de casamento.

Sentado na borda da fonte, Lanim ouvira atentamente a passagem.

— O que você entendeu disso, Miriam? — indagou o benfeitor com um sorriso.

Miriam ficou desconcertada, pois nunca comentara a passagem lida. Apenas lia o que lhe punham nas mãos. Na verdade, Miriam não fazia ideia como era capaz de entender os símbolos grafados no pergaminho, mas cumpria aquele serviço com boa vontade. Cabia a explicação ao mestre Lanim ou a algum dos altos dignitários que habitavam aquele núcleo espiritual.

— Não saberia o que dizer, Lanim! — exclamou Miriam. — O que eu poderia dizer?

— O que vem a seu coração, minha filha — volveu Lanim com doçura. — Está aqui há muito tempo ouvindo. Agora é tempo de falar. Eu acredito em você.

Miriam fitou o texto e depois se voltou para a fronte serena de Lanim. Sentia a vibração de todos estimulando positivamente seu pensamento. Orando silenciosamente, a mulher recordou-se do que lera e visualizou, a seu modo, a cena descrita por ela.

— A passagem nos traz importantes reflexões — começou Miriam. — Farei o possível e sei que Lanim comentará o que faltar e corrigirá minhas falhas.

Em seguida, a instrutora recém-empossada fitou os muitos rostos presentes.

— A grande reflexão do texto é sobre disciplina. Jesus é o maior de todos os seres deste mundo, mas sujeitou-se à autoridade material de sua mãe carnal, a nobre Maria, que, mesmo sabendo da grandiosidade do Mestre dos Mestres, não se furtou a disciplinar o filho segundo os ditames da tradição que seguiam. É humildade saber mandar, no caso de Maria, e é humildade saber obedecer, no caso de Jesus. — Miriam sorriu e pôs os documentos plasmados sobre a mureta da fonte, ao lado de Lanim. — Todos nós queremos poder, não é? Poder, puro e simples. Mas o verdadeiro poder está em desenvolver o amor em nós mesmos. A disciplina é ferramenta fundamental para desenvolvermos o amor ensinado por Jesus. O Mestre dos Mestres não precisaria usar o manto de carne, mas o fez para que aprendêssemos por meio do seu exemplo. Não é um bom exemplo obedecer à sua mãe, mesmo sendo mais sábio e elevado do que ela? Essa disciplina nos enleva a uma posição mais alta na jornada evolutiva. E quanto a Maria, sem se esquecer de José? Ela sabia que seu filho era o maior de todos e poderia não ter feito esforço algum para educar o filho, pois Jesus não precisava de educação. No entanto, Maria fez sua parte educando Jesus, ou melhor, lhe dando disciplina ainda que ele não precisasse. É esse exemplo que precisa ser valorizado. Com esse pensamento, fica diminuída a questão da transformação em água em vinho! — Vozes de concordância ecoaram, fazendo Miriam espantar-se um pouco. — Maria não fugiu de sua responsabilidade como mãe, e Jesus não se esquivou da sua como filho. Ao receber uma ordem de sua superiora hierárquica na Terra, ele agiu. É claro que Jesus sabia que aquilo iria acontecer e esperou o momento certo de agir. A isso chamamos de disciplina.

Espantada com as próprias palavras, Miriam silenciou. Ela sabia que aquelas palavras tinham surgido de seu coração, e, de fato, era aquilo mesmo que tinha compreendido da leitura dos textos que recitara. Os olhos negros da trabalhadora buscaram o semblante de Lanim. O mentor estava em silêncio, mas visivelmente satisfeito. Miriam percebeu que o benfeitor aguardava mais palavras dela.

— Sobre a água e o vinho — prosseguiu Miriam —, podemos observar que ambos os líquidos são fundamentais à existência. Água é vida. Vinho é feito com água, porém, com algo mais: a uva. Se trabalharmos a uva — nosso espírito imortal — com a dose certa de água, ou seja, de disciplina, poderemos obter uma bebida que nos enleva e até cura nossas feridas, no entanto, a disciplina não deve acabar com a simples confecção do vinho. A disciplina deve permanecer. A embriaguez não é recomendável. Embriaguez é indisciplina. Se vertermos todo o vinho de forma indisciplinada, em vez de alçarmos altas esferas, cairemos nos abismos morais e nos afastaremos da luz.

Miriam encerrou sua fala novamente, e o silêncio tomou conta do lugar. Muitos que ali estavam haviam abusado do vinho em algum momento de sua existência e jamais haviam pensado que a bebida poderia ser objeto de uma reflexão sagrada. Não era à toa que Jesus, na Terra, havia tomado a água e o vinho para uma importante lição. Pensativos, os membros da assembleia oraram e afastaram-se, mas não sem agradecer profundamente as palavras de Miriam.

Capítulo 42

Pouco tempo depois de sua palestra inesperada, Miriam foi às câmaras, onde os enfermos mais enlouquecidos estavam. Ela trabalhava com afinco e buscava, sempre que possível, orar junto aos aguerridos espíritos, quase todos com sinais de morte violenta plasmados em seus perispíritos. Naquele tempo, apenas Saor restava entre seus conhecidos benfeitores que labutavam na terra da Armênia. Mitridarites, Uzith e a bondosa Valda ou haviam reencarnado ou sido enviados a outros lugares para servir a Cristo. Simão, quase sempre junto dos que vestiam corpos densos, ia muito pouco, segundo a opinião de Miriam, ao Castelo da Luz. No entanto, a trabalhadora modesta havia angariado muitos amigos, dentre eles Yeva, Verônica e Saul.

Perdida em seus pensamentos, Miriam carregava uma jarra de água magnetizada ao lado de Yeva, quando Simão surgiu em um corredor. O semblante carregado do companheiro evidenciou a Miriam que algo grave ocorrera. O antigo grego caminhou lentamente até as duas mulheres e cumprimentou-as suavemente com um gesto de cabeça.

— Miriam — disse Simão —, trago péssimas notícias e não há jeito gentil de lhe falar. Justina regressou ao mundo espiritual.

Justina era a nova identidade de Artabano, e Miriam sabia que se tratava de seu antigo filho. Era para Justina abandonar o mundo denso dentro de pelo menos duas décadas, então, algo gravíssimo havia acontecido.

— Diga logo, Simão! — exclamou Miriam, esforçando-se para manter o controle.

— Todos sabemos que Justina sempre foi rebelde e nem queria ter renascido como mulher. Em sua índole viril, sempre se sentia no corpo físico errado. — Simão alisou a cabeça grisalha e parcialmente calva e prosseguiu: — Justina teve dificuldades de aceitar a autoridade dos pais humildes, contudo, essa insubordinação não era dos problemas mais graves. Mesmo a contragosto e apesar dos castigos, ela acabava acatando a posição dos pais.

— Então, por que ela se matou? — questionou Miriam, que, a essa altura, havia posto a jarra de água sobre uma mesa e se sentara em uma cadeira de cor clara.

— Ela não se matou — respondeu o outro —, embora seja considerada uma suicida. — O trabalhador espiritual sentou-se em outra cadeira, após Yeva fazer o mesmo. — Aos quatorze anos, Justina casou-se com um homem chamado Lucas, conforme o planejado. Vez ou outra, quando bêbado, batia na jovem esposa, e ela, com sua índole feroz, não demorou a buscar vingança. Primeiro, Justina seduziu dois homens, um deles, soldado.

Ao ouvir esse relato, Miriam baixou a cabeça e recordou-se de que fizera algo parecido, só que com Bórias. Simão continuou sua narrativa:

— Um amante não sabia do outro. O único interesse de Justina era dar cabo de Lucas. O coração dela pertencia à escrava Anésia, que vivia na casa vizinha. Eis uma trama sórdida!

O silêncio abateu-se sobre a modesta salinha para onde haviam se retirado ainda nas câmaras de cura. Miriam, Simão e Yeva recordavam-se de antigos delitos.

— Continue, Simão — pediu Miriam, após algum tempo.

— O padeiro, primeiro amante de Justina — continuou Simão —, tentou emboscar Lucas em uma viela junto ao cais. Memnon é o nome desse coitado. Foi morto facilmente por Lucas e jogado no mar. Semanas depois, Galeno, um decurião, foi mais bem-sucedido em seu plano tenebroso. Ele e dois amigos mataram Lucas, que estava bêbado em uma taverna na companhia de uma prostituta.

— Que tragédia! — sussurrou Yeva.

— O pior ainda está por vir — disse Simão. — Nosso grupo empenhava-se muito em aplacar os sentimentos inferiores. Maltas de seres das sombras se afastavam apenas por pouco tempo, e, nesses raros momentos, Justina era acometida de uma profunda culpa e buscava potentes entorpecentes para anuviar seu desespero.

— Por que nunca isso foi me dito? — indagou Miriam, claramente indignada.

— O que você poderia fazer? — volveu Yeva, prática. — Você não tem a estabilidade emocional necessária para intervir positivamente nessa situação, pois tentaria proteger aquele que foi seu filho carnal. Certamente, nesse processo, iria se prejudicar ou ferir alguém.

Miriam ponderou cuidadosamente as palavras da amiga, pois sabia que eram verdadeiras. Lágrimas surgiram no rosto da trabalhadora, que se percebeu tola por acreditar que poderia ajudar o antigo filho da forma que ele precisava.

— Galeno, vitorioso — continuou Simão —, foi à casa do pai de Justina para clamar seu prêmio. Toda Pafos fervilhava com o escândalo, e a impunidade do decurião era garantida pelo governo. Licurgo, pai de Justina, recusou furiosamente a abordagem do soldado e acabou espancado. Ao saber do que ocorrera com o pai, Justina recusou Galeno, encontrando aí a desculpa que tanto ansiava. A jovem pretendia viver como viúva solitária na casa que herdara de Lucas.

"Os meses correram, e nós continuamos trabalhando sem cessar. Cada vez mais amargurada e obsediada por Lucas, Memnon e por outros desafetos espirituais, Justina tornou-se descuidada. Um dia, foi descoberta com a amante e humilhada publicamente, pois os vizinhos eram pessoas ambiciosas e tramaram para tomar a casa da viúva. Depois de ser chicoteada, Anésia foi obrigada a delatar os crimes de Justina, que acabou encarcerada. Na prisão, foi violentada pelos guardas e acabou morrendo por se recusar a comer."

Esse terrível drama foi encurtado por Simão, que preferira comentar somente os fatos mais dramáticos. Ele sabia que Miriam precisava ouvir aquilo.

— Nem tudo foi perdido — disse Simão em tom baixo. — Justina dava pão aos pobres e apoiou muita gente que não podia pagar pelos produtos vendidos pelo marido. Quando foi desmascarada, houve quem orasse por ela.

— Todos os planos jogados fora... — resumiu Miriam.

— Por mais horrível que seja essa história, Miriam, podemos considerar que o antigo Artabano conseguiu algumas vitórias, ainda que tímidas — interveio Yeva. — Nossa caminhada é lenta, muito lenta. Quantas vidas você precisou ter na Terra para poder fazer o que hoje faz nessas câmaras de cura?

Miriam sabia. Foram inúmeras vidas corpóreas cheias de fúria, desespero, cobiça e rancor, e ali estava ela, ainda longe da luz, mas a caminho dela, quando muitos outros nem sequer conseguiam aprumar os pés para pegar aquele caminho que levava até Deus.

— Quero ver Artabano — disse Miriam. — Eu posso?

— Sim — respondeu Simão. — Contamos com isso.

— Como assim? — indagou Miriam, percebendo que o drama ainda não acabara.

— Justina ainda está na crosta terrena, muito ligada aos restos mortais — comentou o outro.

Lágrimas surgiram na face de Miriam. Como as coisas ficaram tão ruins? Parecia que os planos caminhavam bem. Não parecia racional que Artabano, na carne como Justina, tinha escolhido tão mal, mas fora isso que ocorrera.

— Segundo a Lei Divina — falou Yeva, captando os pensamentos da amiga —, não há retrocesso. Justina avançou um pouco ao se solidarizar com algumas pessoas pobres e desenvolveu gratidão aos pais, como desenvolveu para com você na existência pretérita. Poderia ter aprendido mais, é verdade, contudo, não foi perda de tempo. Nunca é!

Imediatamente, o trio conseguiu permissão de Lanim para partir para a grande cidade de Pafos, na importante ilha de Chipre. O nobre mentor, ciente e comovido com a tragédia de Justina, destacou a experiente Verônica e Estevão, um dedicado espírito hábil na lida nas zonas inferiores, tal como Mitridarites fora anos atrás, quando Miriam ainda caminhava no mundo denso, para auxiliar naquela missão.

Capítulo 43

Simão, Miriam, Verônica e Estevão chegaram à fervilhante cidade de Pafos, local onde se encontrava uma grande e lendária fortaleza e que foi considerada por séculos como o recanto da deusa Afrodite. Naqueles tempos, porém, muitos cristãos estabeleciam-se e multiplicavam os ensinamentos do Cristo.

O grupo atravessou a cidade, observando a psicosfera carregada que toda grande cidade trazia por conta da aglomeração de espíritos, reencarnados ou não, vinculados a toda sorte de viciações. Vez ou outra, a comitiva liderada por Simão avistava um lar que emanava suaves vibrações. Ali, o bem residia, e muitas dessas casas eram habitadas por cristãos, sempre absortos na Boa-Nova. Nas moradias que não eram de cristãos, mas que vibravam salutarmente, os habitantes possuíam uma vida digna, o que bastava para o Mestre dos Mestres reconhecê-los como bons filhos de Deus.

O grupo chegou a uma região erma, e Miriam, prontamente, percebeu que se tratava de um cemitério pobre. Entidades em péssimo estado arrastavam-se por ali, muitas delas negando a si mesmas a situação em que se encontravam. Muitos cadáveres, inclusive, jaziam insepultos, estando à mercê de animais carniceiros que se espalhavam pela triste paisagem.

Três entidades, tão altas quanto Estevão, aproximaram-se. Usavam capas negras, seus rostos estavam ocultos por capuzes e carregavam nas mãos grandes cajados. Observando-os, pareceu a Miriam que jamais vira nada parecido com aquilo, que aqueles estranhos espíritos usavam espadas sob o manto. Simão e os demais, contudo, pareciam conhecer aquelas entidades e não as temiam.

— Salve, João! — disse Simão, com profundo respeito. — Viemos tentar um resgate. Acha que é possível?

— Justina está muito atormentada — retrucou o líder dos encapuzados com uma voz sepulcral, que fazia os sofredores dali se encolherem e fugirem. — Ela crê que está faminta e sedenta, e há muito ódio em seus pensamentos. Creio que passarão muitos anos até que ela possa se libertar dos próprios ossos.

— Precisamos tentar — disse Simão, confiante. — Nada é impossível para aquele que tem fé!

Com seu rosto oculto, João meneou levemente a cabeça em concordância e, em silêncio, o estranho trabalhador espiritual daquele lugar lúgubre guiou os recém-chegados até uma pequena colina cheia de covas rasas. Enquanto caminhava, o grupo orava pelos que habitavam aquele lugar. Miriam saberia depois que muitos espíritos ainda apegados à matéria permaneciam junto ao mundo denso, deslocados, e ficavam até que se cansassem do sofrimento autoimposto. Paralelamente a isso, os dedicados servos do senhor que ali se mantinham exerciam um importantíssimo trabalho caritativo com tais entidades. Não raro, João e seus companheiros mal compreendidos tratavam da finalização do desencarne das pessoas que ali eram trazidas. Como terceira atribuição dos espíritos liderados por João ainda estava o combate a espíritos malignos, que desejavam se locupletar dos fluidos finais dos corpos. Essas entidades ainda tentavam caçar espíritos alucinados recém-desencarnados para lhes servirem de servos. Era extremamente nobre o trabalho daqueles três espíritos humildes.

Chegaram, pois, a um amontoado de terra e pedras. Sobre ele estava deitada uma entidade de aparência feminina, debilitada e coberta de chagas. Os cabelos desgrenhados e a face macilenta demonstravam o aspecto de insanidade que se abatera sobre Justina.

— Lembre-se, Miriam — disse Simão —, que o nome dela é Justina. Isso é muito importante para não confundi-la. Ela pode acabar reconhecendo-a por conta dos laços vibratórios que as unem. — O antigo grego fitou a pobre entidade. — Ela quase me reconheceu!

Contendo suas emoções conforme aprendera no Castelo da Luz, Miriam aproximou-se de Justina, e uma onda de compaixão tomou todo o ser da trabalhadora espiritual. Ela sabia que seus companheiros e até mesmo os exóticos guardiões daquele lugar enviavam influxos magnéticos benfazejos. Todos faziam sua parte.

— Minha jovem Justina — disse Miriam, com voz meiga —, chega de sofrer. Venha conosco!

Justina, porém, manteve-se em silêncio. Parecia que ela não percebia a presença dos benfeitores. Após mais três tentativas de se fazer ouvir, Miriam, orientada por Simão, pôs suas mãos sobre a cabeça da enferma, que primeiro pareceu ficar incomodada e em sequência suspirou de alívio.

— Minha filha — disse Miriam, com certa firmeza —, siga conosco. Você irá para uma casa onde poderá se sentir melhor. Deixe o sofrimento para trás.

— Que deusa está falando comigo? — questionou Justina. — Onde você estava, quando fui destroçada?

Miriam sentiu o peso daquelas palavras, pois dissera algo parecido muitos anos antes. Após tantos séculos, a inexorável sabedoria divina punha dois personagens diante do mesmo ato irresponsável, e cabia à entidade ligeiramente mais amadurecida demonstrar, finalmente, a lição aprendida.

— Ninguém foi feito para sofrer — disse Miriam, no controle da situação e em total sintonia com seus companheiros. — Venha comigo! Vamos para o Castelo da Luz!

As mãos encarquilhadas de Justina tomaram as mãos de Miriam, cujas lágrimas banharam o rosto da outra mulher. Aquele bálsamo pareceu dar um choque na enferma.

— Me tire daqui, por favor — implorou Justina. — Me leve deste lugar, deusa de luz!

— O Amor de Jesus venceu! — anunciou Yeva, enquanto Simão e Estevão se aproximavam da semidesperta Justina.

Ladeada por Miriam e Verônica, Justina foi erguida em uma padiola por Simão e Estevão, enquanto João e seus companheiros deixavam silenciosamente o local. Sob o canto vibrante de Yeva, que salmodiava bênçãos sobre o triste local, o grupo retornou ao núcleo espiritual dirigido por Lanim.

— Deus não dá uma pedra a quem pede um pão — disse Yeva com sua belíssima voz vibrando por todo o cemitério e levando um influxo salutar aos sofredores dali. — Tenham esperança!

Capítulo 44

Justina foi acomodada nas câmaras de cura, e Lanim determinou que Verônica e outros espíritos cuidassem diretamente da enferma. Contrariada, Miriam encontrou-se com o mentor diante da grande fonte da cidadela. Bastou, porém, contemplar o semblante do sábio para entender que não tinha condições emocionais para cuidar de Justina.

— Eu vim com um intento até o senhor — começou Miriam —, no entanto, outro surgiu em meu coração. Desejo...

— Regressar ao Ciclo dos Renascimentos — emendou Lanim, com um sorriso. — Samsara! A sede de crescimento moral é muito grande, não é, minha filha?

— Sim — anuiu Miriam. — Eu me vi nas ações de Justina e nas de tantos que aqui chegaram. Eu me pergunto como pude escolher tão mal ao longo das existências terrenas...

— Ignorância, Miriam. Ignorância — respondeu calmamente. — Todos nós, filhos de Deus, retornamos ao mundo continuamente de forma mecânica até que passamos a perceber que nossas repetidas escolhas não nos bastam verdadeiramente, e uma necessidade de fazer novas escolhas surge em nós. O algo novo. O diferente que pode nos tirar a dor que criamos. Esse "diferente" é a moralização no bem, na Luz de Deus. — Lanim sorriu, confortando a pupila. — Todos nós temos as mesmas oportunidades, até mesmo o Mestres dos Mestres, ainda que ele tenha sido criado por Deus em outro mundo. Lembre-se das palavras que você disse para Justina: Deus não nos cria para sofrer! E eu acrescento: Ele nos cria para difundirmos seu amor!

Foi acertado que Miriam regressaria à carne, porém, não deixaria seu trabalho no Castelo da Luz tão rápido quanto imaginava. Anos tiveram de passar até que ela pudesse regressar ao mundo denso. Simão iria com ela, bem como outros espíritos que haviam marcado profundamente a existência de Miriam: o antigo imperador Dana e a serviçal Aditi, quando a reencarnante adotou o nome de Mahara na Índia.

Ambos os espíritos haviam renascido várias vezes no mundo, mas tinham realizado escolhas muito diferentes entre si. Dana, cruel monarca derrotado na velha Índia, naquele momento com o nome chinês de Lao Shan, continuava aproveitando muito pouco as oportunidades que recebia, enquanto Aditi, agora chamada de Anushka, ascendera largamente às elevadas esferas espirituais. Essa entidade esclarecida, se comparada a Lao Shan e a Miriam, acalentava havia algum tempo a oportunidade de reencontrar aqueles dois espíritos a quem tanto amava.

No grande pátio do Castelo da Luz, cujas dimensões aumentaram nos anos recentes, Lao Shan e Anushka foram recebidos por Lanim e seus principais auxiliares, dentre eles Simão, que os levou a um dos salões daquele belo lugar, onde estavam Miriam, Yeva e Verônica.

Diante da chegada do antigo imperador, um lampejo de apreensão tomou conta de Miriam, e impressões antigas pareciam ressurgir, apesar do longo tempo transcorrido. Lao Shan, por sua vez, já incomodado por estar ali, sentiu que a franzina trabalhadora daquele núcleo o conhecia de um passado remoto. Ao concentrar sua atenção em Miriam, Lao Shan percebeu que algum laço magnético os unia.

— Estamos diante de grandes decisões — disse Lanim, após cumprimentar a todos e realizar uma oração.

— Vocês irão regressar ao mundo denso para aprender a conviver em grupo, ou melhor, em família. Lao Shan, Miriam e Anushka já conviveram antes em uma época recuada, e, até hoje, sequelas das transgressões dos envolvidos se fazem presentes. — O nobre mentor pôs suas mãos sobre os ombros da entidade de aparência chinesa.

— Agora, contudo, vocês estão mais amadurecidos e aptos a enfrentar alguns desafios juntos! Para que as provas sejam mais bem aproveitadas, vocês renascerão em um lugar novo, longe da psicosfera conhecida por vocês, uma terra quase no limite do império dos romanos!

— Qual é meu vínculo com essa mulher? — interrompeu Lao Shan. — Por que ela me incomoda tanto? E essa indiana? Que eu tenho a ver com ela?

— Miriam foi sua filha, Lao Shan. Você bem sabe disso — volveu Lanim, sem alterar o tom de sua voz suave. — E Anushka foi uma serva que você muito humilhou. Ambas têm coisas a acertar com você e estão em uma condição um pouco melhor que a sua. Elas irão ajudá-lo e, no processo, ajudarão a si mesmas.

O robusto Lao Shan silenciou novamente. Ele fora um guerreiro do império chinês acostumado a dar ordens e a obedecer a poucos e deixou o mundo denso após participar de uma conspiração contra o imperador a quem deveria servir.

— Lao Shan, você insistiu muito para que, em sua derradeira vida na Terra, pudesse pegar em armas. Isso aconteceria desde que ocupasse cargos médios e buscasse a disciplina que a situação exigia — prosseguiu Lanim —, contudo, você falhou. Para que não angariasse mais débitos, foi necessário abreviar sua jornada terrena. Hoje, sua revolta está abrandada, mas terá de aceitar o fato de que seu temperamento é seu maior algoz. Como Miriam e Anushka, ombreadas por Simão, irão renascer em um período próximo, enxergamos uma boa oportunidade para você.

Lao Shan sabia exatamente dos seus delitos e envergonhava-se profundamente. Ele, no entanto, não sentia que sobre si estavam olhos julgadores, mas apenas vibrações de compaixão. Imóvel e resignado, o antigo imperador, que reencarnara como mendigo, alienado e deficiente físico nas oportunidades que antecederam à vida na China, desviou o olhar para as paredes alvas do lugar.

O planejamento reencarnatório dos envolvidos foi apresentado. Anushka, que gozava de alguma autoridade, teceu importantes considerações, e Verônica também. Lanim absorveu as palavras das benfeitoras com profundo respeito e anuiu a tudo. Foi dada a palavra a Simão e Miriam, mas estes acataram integralmente as propostas.

Mais tarde, sob a luz do luar de primavera, Miriam e Simão caminhavam de mãos dadas. O antigo carpinteiro sabia do fascínio que o astro celeste causava na amada.

— Você retornará ao mundo material com dois velhos conhecidos — disse Simão, com leveza. — Eu cheguei há pouco tempo...

— Conhecemo-nos em nossa última caminhada na Terra — concordou Miriam. — Você surgiu apenas para me salvar. Como a Sabedoria Divina age!

— Iremos para uma nova aventura — prosseguiu o outro. — Juntos, você e eu estaremos mais fortes. Teremos

Lao Shan para nos preocupar, bem como minha antiga esposa, Isadora, que está aguardando em outro núcleo.

— E o homem que você assassinou? — indagou Miriam.

— Renasceu em Tebas — respondeu Simão, com tranquilidade. — A Lei Divina me juntará a ele no momento certo.

— Fico pensando se Lao Shan odiaria Justina — comentou Miriam, recordando-se de seu encontro com o espírito que fora seu pai no passado. — Eles eram grandes inimigos, e não me parece que a disposição deles tenha melhorado.

— Haverá uma hora para o ajuste — retrucou Simão. — Tenhamos perseverança e paciência. Ninguém ficará fora do Reino, como disse o Mestre Jesus.

Fim

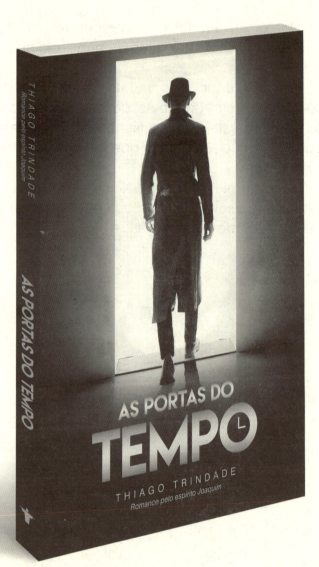

AS PORTAS DO
TEMPO

O romance traz a história de dois espíritos que, movidos pela vaidade e ambição, brigaram por séculos em ambos os planos da vida. O conflito entre os irmãos teve início na Era das Navegações, mas, graças à sabedoria divina, eles receberam novas oportunidades para combater suas más inclinações através do tempo, descobrindo, por fim, que o amor cura as feridas e que os verdadeiros ensinamentos espirituais evitam novas dores.

COM OS *olhos* DA ALMA

Durante a passagem terrena do mestre Jesus, muitos tiveram a oportunidade de segui-Lo, todavia, poucos conseguiram compreender Seus ensinamentos.

Alfeu é um homem vaidoso, cuja única ambição é servir com total dedicação ao Templo de Jerusalém — conhecido como o coração do judaísmo e palco de importantes passagens bíblicas — como soldado da guarda. Preocupado, contudo, em impor seu domínio aos mais fracos, o rapaz delega a outros uma importante missão da qual foi incumbido, e as consequências de seu feito se estenderão ao longo dos séculos nos planos físico e espiritual.

Neste emocionante romance permeado pelos ensinamentos contidos no Evangelho de Jesus, você acompanhará a luta de um homem preso aos costumes de uma época, encerrado no orgulho e na vaidade e incapaz de entender a dor do próximo, mas que será guiado pelos bons espíritos em uma surpreendente jornada em busca de redenção.

THIAGO TRINDADE

ROMANCE PELO ESPÍRITO JOAQUIM

Maria
do
Rosário

Maria do Rosário

Enquanto trabalhava de sol a sol na dura lida da fazenda Santa Maria, a jovem escrava, num ato quase inconsciente para evitar a dor, tentava banir da mente os momentos felizes que vivera em sua terra natal. Até seu nome fora levado para longe pelo mesmo vento que agitara as velas da embarcação que a trouxe ao Brasil quando ela era apenas uma criança.

Os anos passaram-se depressa, e a menina deu lugar a uma jovem de indescritível beleza, que despertava a luxúria de senhores, escravos e capatazes. Inúmeras vezes, a moça foi subjugada, mas se resignou à sua sina, pois era constantemente auxiliada por amigos espirituais que a intuíam sobre as verdades da vida. Assim, dia após dia, Maria do Rosário — como ficara conhecida por todos na fazenda — transformou em torno de si aquele ambiente árido e hostil num campo de resiliência e fé.

Por meio deste romance repleto de ensinamentos, você entenderá que a vida — ainda que árdua sob nossa ótica limitada — nos traz preciosas lições de humildade, transformando espinhos em flores ao longo do nosso caminho.

GRANDES SUCESSOS DE
ZIBIA GASPARETTO

Com 20 milhões de títulos vendidos, a autora
tem contribuído para o fortalecimento da literatura
espiritualista no mercado editorial e para a popularização da
espiritualidade. Conheça os sucessos da escritora.

Romances
pelo espírito Lucius

A força da vida

A verdade de cada um

A vida sabe o que faz

Ela confiou na vida

Entre o amor e a guerra

Esmeralda

Espinhos do tempo

Laços eternos

Nada é por acaso

Ninguém é de ninguém

O advogado de Deus

O amanhã a Deus pertence

O amor venceu

O encontro inesperado

O fio do destino

O poder da escolha

O matuto

O morro das ilusões

Onde está Teresa?

Pelas portas do coração

Quando a vida escolhe

Quando chega a hora

Quando é preciso voltar

Se abrindo pra vida

Sem medo de viver

Só o amor consegue

Somos todos inocentes

Tudo tem seu preço

Tudo valeu a pena

Um amor de verdade

Vencendo o passado

Crônicas

A hora é agora!
Bate-papo com o Além
Contos do dia a dia
Conversando Contigo!
Pare de sofrer
Pedaços do cotidiano
O mundo em que eu vivo
Voltas que a vida dá
Você sempre ganha!

Coletânea

Eu comigo!
Recados de Zibia Gasparetto
Reflexões diárias

Desenvolvimento pessoal

Em busca de respostas
Grandes frases
O poder da vida
Vá em frente!

Fatos e estudos

Eles continuam entre nós vol. 1
Eles continuam entre nós vol. 2

Conheça mais sobre espiritualidade com outros sucessos.

 vidaeconsciencia.com.br   /vidaeconsciencia   @vidaeconsciencia

Rua das Oiticicas, 75 — SP
55 11 2613-4777

contato@vidaeconsciencia.com.br
www.vidaeconsciencia.com.br